AF551365

Caspar von Schrenck-Notzing

Schwere Wetter, Schwere Reiter

Caspar von Schrenck-Notzing

SCHWERE WETTER, SCHWERE REITER

Kriminalerzählung

Herausgegeben von
Alexander Eiber

Karolinger Verlag
Wien und Leipzig

Der Verlag dankt Herrn Alexander von Schrenck-Notzing
für die Abdruckrechte

Einband
Peter Alba
Photo: Der Autor um 1970

Satz
Ecotext-Verlag, Mag. G. Schneeweiß-Arnoldstein

Photographien (mit Ausnahme des Photos auf Seite 6, 88, 93)
Felix Reischenbeck

ISBN 978 3 85418 222 1

Inhalt

Caspar Schrencks Vater Gustav
während des Ersten Weltkrieges

Zur Erzählung

„Das Ostufer ist berühmt für seine schlechte Verkehrslage. Wer sich dort ansiedelt, muß sich bewußt sein, daß er mit der Außenwelt abgeschlossen hat. Darauf sind die Ostuferer aber besonders stolz. Sie sagen, daß sie sich rein erhalten wollen, während die Westuferbewohner der Zivilisation und damit dem sicheren Untergang anheimfallen."

Das sagte der deutsche Verleger und Autor Ernst Heimeran aus München-Schwabing über die Anwohner des Starnberger Sees. Er philosophierte über die Dichotomie der Anrainer zwischen Ost und West, die sich an den zwei Seiten des Fluchtpunktes der alten Residenzstadt der Herzöge und Könige niedergelassen hatten. Was Heimeran in der ersten Hälfte des 20. Jahrhunderts auf die unterschiedlichen Charakterzüge der Seebewohner bezog, war eine größere deutsche Frage: die nationale Unvereinbarkeit von Kultur und Zivilisation. Den unversöhnlichen Gegensatz hatte auch der *praeceptor germaniae* Thomas Mann in seiner stürmenden und drängenden Phase verfochten und sich unmissverständlich auf die Seite deutscher Kultur gestellt, während sein Bruder Heinrich glaubte, im *Untertan* die Welt-Zivilisation verteidigen zu müssen.

Caspar Freiherr von Schrenck-Notzing zitierte die Worte Heimerans im Jahr 1984 in seiner Begrüßungsrede anlässlich der 100-Jahrfeier der Schrenck-Villa am Ostufer des Starnberger Sees. Er bekannte sich stolz dazu, einer des Ostufers zu sein. Der Autor der Kriminalnovelle *Schwere Wetter, Schwere Reiter* war ein Mann der Kultur. Die Identifikation mit der vergänglichen Zivilisation hielt Caspar Schrenck zeitlebens nicht nur für den persönlichen Untergang, sondern wähnte darin den sicheren Niedergang eines ganzen Landes.

Schrencks Kriminalerzählung ist auf den ersten Blick ein Fragment. Wahrscheinlich hat er Anfang der Jahrtausendwende damit angefangen. Ein Ende fand er für sich nie. Wie es nach dem Ohnmachtsanfall des Fräulein Steigleders hätte weitergehen können, überließ Schrenck der Phantasie von Vertrauten. Die Frau des Kriminalroman-Autors Bernhard Horstmann alias Stefan Murr, ein Enkel Ludwig Ganghofers, dachte die Novelle für Schrenck in einem Brief vom 17. Juni 2005 zu Ende: Weil sich Tryphon Karbunkel die schlagartige Reaktion des Fräuleins nicht erklären kann, wächst sein Misstrauen der Sekretärin gegenüber. Seiner Natur nach stellt er Nachforschungen an, die ergeben, dass Steigleder in das Mordkomplott unmittelbar verwickelt ist. Sie fungiert als Komplizin und deckt den Mörder, Mr. Steve Wilder.

Schrenck scheint das von Charlotte Horstmann ausgedachte Tatkomplott nicht überzeugt zu haben. Er beließ es dabei, am Höhepunkt seiner Erzähldramatik aufzuhören. Alles weitere überlässt er dem Verdacht des Lesers. Wenn man die Novelle nicht als Fragment sehen will, nahm Schrenck in der Überschrift des Ersten Kapitels *Die Straße, ein Obstler und ein Verdacht* ein offenes Ende vorweg.

Mehr Antworten als offene Fragen findet man, wenn man *Schwere Wetter, Schwere Reiter* nicht als Kriminalerzählung liest, sondern als autobiographischen Schlüsselroman. So erlangt man Zugang zu wesentlichen Teilen der Biographie des Publizisten, politischen Schriftstellers und konservativen Intellektuellen Caspar Freiherr von Schrenck-Notzing.

Eine Kriminalgeschichte war Caspar Schrencks Leben nie. Auch keine melancholische Novelle oder eine aufregende Erzählung mit faszinierenden Wendungen und sagenhaften Anekdoten. Daß Caspar von Schrenck-Notzing sich freiwillig an der Aufklärung eines heiklen Mordkomplottes beteiligt hätte, ist kaum vorstellbar. Trotzdem schlüpft er in *Schwere Wetter, Schwere Reiter* in die Rolle des Reichsfreiherrn von und zu Karbunkel. Caspar ist der Tryphon. Er lässt ihn in seiner Ammerlander Villa zwischen bewaldeten Moränenhügeln und dem steinigen Uferstreifen am Ostufer des Starnberger Sees leben.

Gustav Siegle und die Ammerlander Villa

„Dies Haus hab ich hie her gestellt, als man 1884 zelt", steht es eingeschnitzt in das Treppenhaus der Schrenck-Villa in Ammerland bei Münsing geschrieben. Schrencks Urgroßvater Gustav Siegle hatte den Satz setzen lassen, damit er bis heute die Zeit überdauert. Erbaut worden war das Haus in bescheidenerem Ausmaß 1869 von Emilie von Seutter. Der Familienlegende nach hat sie es nie verlassen, sondern geisterte als rastlose Seele, die bei einem Sturz von der Treppe ihr Leben gelassen hatte, durch die Mauern. Caspar Schrenck selbst sprach von dieser Legende, gab sie aber mit einer entscheidenden Einschränkung wieder: Der Spuk habe endgültig ein Ende gehabt, als das Anwesen nach Kriegsende 1945 von den Amerikanern beschlagnahmt worden war. Schrenck war überzeugt, die Anwesenheit der Besatzer habe dem Fräulein den Aufenthalt gründlich vergrämt. Zur Geduldsprobe waren die Amerikaner damals auch für die Schrencks geworden. Weil die Soldaten in der Villa, dem größten Haus des Ortes, Quartier gesucht hatten, musste Caspars Onkel Leopold in das unbeheizte Teehaus ausweichen und dort den kalten Winter 1945/1946 verbringen.

Bevor Siegle das Anwesen der Emilie von Seutter erworben hatte, war er 1877 zum ersten Mal mit Frau Julie und den drei Töchtern Dora, Ella und Margarete zum Urlaub nach Ammerland gekommen. Er traf dort auf Größen der deutschen Industrie, schwärmte von der malerischen Abendsonne am Ostufer und wurde vom damaligen bayerischen Finanzminister Emil von Riedel und dem Mitbegründer der Nationalliberalen Partei Münchens, Fritz von Schauß, während des Tarockspiels in die Feinheiten des Parlamentarismus eingeführt. Siegle band diese Gesellschaft schwärmerisch an den See, wo er fortan jährlich Sommerfrische fand, die nach Gewohnheit mit der Sedanfeier am 2. September endete. Auch die Politisierung durch die Anrainer hatte Folgen für Siegle. 1887 zog er über seinen Stuttgarter Wahlkreis für die Nationalliberale Partei Württembergs in den Deutschen Reichstag ein. Ein Mandat, das er bis 1898 innehatte und in Berlin zwischen Kaiserhof und Reichskanzlei als loyaler Mann Bismarcks ausübte.

Die Villen in Ammerland waren überwiegend nach der ersten Hälfte des 19. Jahrhunderts entstanden. 1854 war durch die Eisenbahnlinie zwischen Pasing und Starnberg eine Verbindung vom See zur Metropole München hergestellt worden. Weiter zum Ostufer gelangte man mit dem 1851 in Betrieb genommenen Dampfer Maximilian. Der Sommersitz Siegles war in den Anfängen provisorisch. Erst durch den Innenausbau 1884 gewann das Haus an Komfort. Den Umbau hatte der junge Münchner Architekt Emanuel Seidl verantwortet. Im Alter von 28 Jahren war es Seidls erster eigenständiger Bau. Die Starnberger Behörden taten ihr übriges das Sommerhaus repräsentativ werden zu lassen und gaben noch im selben Jahr die Bewilligung zur Nutzung des dazugehörigen Seegrundstückes mit Bade- und Schiffshütte. 1892 erweiterte Seidl den Grundstock des Hauses im Außenbereich. Die Südseite bekam einen dreistöckigen Anbau. Ein Treppenturm bildete die architektonische Verbindung zwischen dem Neubau und dem Altbau. Vom See zeigte das Haus eine spitze Turmhaube, Zierfachwerk und Giebelverschalungen aus Holz. Für die großen Gesellschaften der Siegles baute Seidl 1910 an der Nordseite flach im Jugendstil an. Es entstand eine geräumige Küche mit mehreren übereinanderliegenden Balkonen. Im Süden des weitläufigen Anwesens errichtete er ein Teehaus, das er mit Belvedere-Türmchen und zwei Majolika-Papageien auf der Brüstung der Terrasse verzierte. Die Papageien hatte Josef Wackerle für den Deutschen Pavillon der Weltausstellung 1910 in Brüssel entworfen.

Gustav Siegel starb 1905 in Stuttgart. 13 Jahre zuvor hatte Caspar Schrencks Großvater, der Parapsychologe Albert von Schrenck-Notzing, Siegles Tochter Ella geheiratet. Seitdem ist die Siegle-Villa im Besitz der Schrencks. Caspar Schrenck verbrachte dort von der Nachkriegszeit an sein ganzes Leben. Tryphon Karbunkel läßt Schrenck nach 40 Jahre Geheimdienstkarriere im Ausland nach Bayern zurückkehren. Schrenck selbst kehrte 1951 endgültig in sein Vaterhaus am Starnberger See zurück. Gemeinsam mit seinem Bruder zogen die jungen Männer nach dem Tod der Großmutter Ella in das Sommerhaus ein, das von da an zum ersten Mal ganzjährig bewohnt wurde. Schrenck hatte keine klandestine Geheimdienstkarriere hinter sich gelassen, sondern eine Potsdamer Jugend verlebt, nach der er sich noch im hohen Alter in manch sentimentalem Moment zurücksehnte.

Denkwege mit Armin Mohler und konservative Zirkel

Als die Brüder Caspar und Niklas, der Hegel- und der Gotha-Schrenck, sich in der Nachkriegszeit wieder am See niedergelassen hatten, gründete keiner von beiden einen monarchisch-revolutionären Geheimbund, um die bayerische Monarchie zu restaurieren, sondern sie empfingen an den Wochenenden den Publizisten und Autor Armin Mohler in Ammerland. Nachdem Mohler ins Gästebuch eingetragen hatte, „zwischen ernsthaften Gesprächen über die Zeitbombe Deutschland und heiteren Geschichten, Nickis Lachen und Baron Caspars Schweigen“, die Tage „zwischen

Bibliothek, Landungssteg und Teehäuschen“ am See verbracht zu haben, entwickelte sich zwischen dem Schweizer Mohler und dem sieben Jahre jüngeren Schrenck eine politische und persönliche Freundschaft. Zusammen wälzten sie in den 1950er Jahren unablässig Pläne für Zeitschriften-, Institutsgründungen und trugen eine unüberschaubare Archivsammlung und Bibliothek zusammen. Diese manische Sammelwut bildet sich heute in der Bibliothek des Konservatismus in Berlin ab. Unter dem Dach der *Förderstiftung Konservative Bildung und Forschung*, die Schrenck 2000 gründete, wurde im Jahr 2012 die erste Fachbibliothek des Konservatismus eröffnet. Über 20.000 Bände aus Schrencks Privatbibliothek, die von München nach Berlin überführt worden war, bildeten den Grundstock.

Karbunkel, der auch das ungefähre Alter von Caspar Schrenck haben dürfte, betätigte sich als junger Mann im Geheimen monarchistisch und war dem Hause Wittelsbach treu. Dem freiherrlichen Adeligen Caspar Schrenck war ein legitimistischer oder monarchischer Zugang fremd. Selbst in der eigenen Stammesgeschichte überwogen für ihn die großbürgerlichen Wurzeln der Familie im Patriziat der Stadt München – obwohl die bayerischen Schrencks im 19. Jahrhundert als Minister und bayerische Gesandte am deutschen Bundestag drei Königen gedient hatten. Als Caspar 1964 seine spätere Frau Regina kennenlernte, war die Adelige demnach auch verwundert, daß der Freiherr sich ihr unumwunden als Demokrat vorstellte.

Caspar Schrenck engagierte sich nach dem Zweiten Weltkrieg nicht in einer Geheimorganisation, aber in einem Zirkel, der die Öffentlichkeit nicht suchte. Für die *Münchner Tafelrunde*, einen Herrenklub, der aus gesellschaftlichen Zwecken zusammenkam und politische Gesprächsrunden veranstaltete, organisierte Schrenck das Vortragswesen. Armin Mohler, wie Schrenck Mitglied der Tafelrunde, beschrieb den Zirkel als „typisch für die unver-

Marmorbüste Gustav Siegle

krampfte Atmosphäre der frühen Nachkriegsjahre: alter Adel und junge Leute aus der Wirtschaft, Männer des 20. Juli und loyal gebliebene Soldaten, selbst aus beiden SS-Blöcken, fanden sich zu einem neuen Anfang."

Der Schwere Reiter

Die Tafelrunde hatte einen zweckmäßigen Namen gewählt. Karbunkels Geheimbund nannte Schrenck klangvoll *Schwere Wetter, Schwere Reiter*. Es ist Schrencks literarisch wohl stärkster Ausdruck der Novelle und deshalb auch als Titel gewählt. Die kryptischen vier Worte enthalten einen wichtigen Schlüssel zu Schrencks Familiengeschichte. Die Schweren Reiter sind eine Anspielung auf seinen Vater, den Caspar Schrenck im Alter von 16 Jahren verlor. Das Königlich Bayrische 1. Schwere-Reiter-Regiment Prinz Carl von Bayern war Gustav Schrenck-Notzings Stammregimen im Ersten Weltkrieg. 1915 wurden Gustav und das 760 Pferde starke Regiment von den Stellungskämpfen im Westen an die Ostfront des Weltkrieges verlegt. Bis in den Herbst hinein nahm Caspars Vater am deutschen Vormarsch teil, bei dem sein Regiment schwere Verluste erlitt. Es war bis auf knapp ein Viertel der Pferde zusammengeschmolzen. Die russische Brussilow-Offensive während des Sommers 1916 dezimierte die Reiter weiter. Während Schrencks Kommandeur, der Offizier Kurt Scherf, an der Ostfront mit Orden hoch dekoriert wurde, befehligte er im Felde ein Reiterregiment, das über keine Pferde mehr verfügte. Nach dem Separatfrieden des Deutschen Reiches mit Russland von Brest-Litowsk 1918 fand Schrencks Einheit letzte Verwendung als Besatzungstruppe in der Ukraine, bis das Regiment im Januar 1919 nach Bayern zurückgeführt wurde. Am 18. November 1918 wurde Gustavs Demobilisierung eingeleitet und im Februar 1919 entließ man ihn aus dem Heeresdienst. Caspar Schrenck hatte in seinen jungen Jahren eine enge Verbindung zum Vater. Nach der für Caspar traumatischen Scheidung der Eltern 1937 lebten Vater und Sohn sechs Jahre zusammen in Potsdam. Die Schweren Reiter, der Aufmacher der Romannovelle ist nicht nur ein autobiographischer Behelf des Erzählers, auch kein einfaches Erinnern Schrencks an den Vater, sondern eine Widmung des Sohnes.

Die Ammerlander Szenerie, das Engagement in Zirkeln mit einem politischen Willen und der Bezug auf die eigene Familie sind die großen autobiographischen Schlüssel, die Schrenck in seiner Novelle auf unterschiedliche Weise versteckt und auf die er sich als Erzähler stützt. Die Hauptfigur und die Erzählung schmückt Schrenck darüber hinaus mit Anekdoten des eigenen Lebens aus:

Karbunkel, der mit dem Fahrrad die Uferstraße entlangfährt, ist *Schrenck*, der keinen Führerschein besaß und bei der Einkehr nach einer Radtour die südliche Seestraße entlang an seinen Verleger Heinrich Seewald schrieb, daß er mit dem neuen Buchplan über Öffentliche Meinung und Massenmedien in Deutschland gut vorankäme.

Karbunkel, der ein Büro mit Sekretärin in der Kreisstadt Starnberg hat und als Geheimdienstler Kjell Johannson eine Zeitschrift gründete, ist *Schrenck*, Gründer und Herausgeber von Criticón, der in München in der Knöbelstraße 36 ein Büro unterhielt und dort auf Grund seiner Abneigung gegen das Briefeschreiben seine gesamte Korrespondenz erledigen ließ.

Karbunkel, der sich in einem Hotel auf Capri zum Bridge-Spielen trifft, ist *Schrenck*, der über Jahrzehnte seine jährliche Sommerfrische auf der Insel im Golf von Neapel verbrachte.

Karbunkel, der am Waldfriedhof bei der Beerdigung des Gustl Bachmeier zugegen ist, ist *Schrenck*, dessen Familiengrab am Münchner Waldfriedhof liegt.

Politisches hält Schrenck aus der Erzählung weitestgehend fern. Deutet er eine politische Gesinnung an, dann verwebt er sie hintergründig in den Lauf und die Winkel der Erzählung und hält sie von sich, Tryphon Karbunkel, fern. Daß sich die Geschichte der Novelle, der Mord und dessen Aufklärung, vor dem Hintergrund der Kommerzialisierung des Ostufers abspielen, ist der klarste Punkt an dem Schrenck seine eigene Weltanschauung nicht zurückhält. Die Kommerzialisierung des Ostufers für den Tourismus war für Schrenck Spiegelbild zivilisatorischen Niedergangs. Die Aufgabe jener Kultur, in die er sich als Ostuferer hineingeboren fühlte. Als Konservativer schreibt er deshalb: „Eine Kulturlandschaft läßt sich nicht hinstellen wie eine Bundesgartenschau, ein Freizeitpark, ein Erholungsgelände. Sie erwächst aus der Harmonie der Landschaft und der Bauten mit dem Lebensgefühl der Bewohner – und vergeht, sobald der allgegenwärtige Geschäftsgeist sich in den Vordergrund drängt.“ Das war der politische Schrenck, ein süddeutscher Konservativer, ein Verfechter der Kultur und ein Verächter der Zivilisation. Er verstarb 2009 im Alter von 81 Jahren. Mit der vorliegenden Erzählung *Schwere Wetter, Schwere Reiter* aus Schrencks Privatnachlaß offenbart sich eine neue Seite – der politische Publizist stellt sich dem Leser mit einer autobiographischen Schlüsselerzählung vor.

Alexander Eiber
Wien, im Juli 2024

Die Straße, ein Obstler und ein Verdacht

Zwischen bewaldeten Moränenhügeln und dem steinigen Uferstreifen schlängelte sich die Straße an jenem See entlang, den werdende Bauherren genüßlich „das Filetstück des Voralpenlandes“ nannten. Hinter Zäunen und Hecken tauchten Landhäuser auf, Gärten, Bootshütten und kleine Häfen. Garagen waren in die Hänge gegraben, Mülltonnen warteten geduldig auf ihre Entleerung, Ausweichstellen ermöglichten den Gegenverkehr, Felsbrocken lauerten am Straßenrand, um Falschparkern die Schneid abzukaufen. An beiden Enden verlor sich die Straße in einem Erholungsgelände aus Liegewiesen und Parkplätzen. In der Badesaison fingen diese Anlagen den Strom der sonnenhungrigen Städter ab, ehe er sich in die Ortschaften ergießen konnte. Am Eingang zum Schloßpark – die Votivkapelle für den ertrunkenen König war das Wahrzeichen des Ostufers – sorgte ein stets verschlossenes Tor mit schmalem Fußgängerdurchschlupf dafür, daß Autofahrer aus dem Uferbereich verscheucht wurden, selbst wenn sie eine Anliegererlaubnis für das Befahren der Straße besaßen. Straßen dienen im allgemeinen dem wachsenden Verkehrsaufkommen, diese nicht. Sie stak wie ein Stachel im sozialen Fleisch der automobilen Gesellschaft.

Südlich vom Schloßpark traf man noch auf Landhäuser alten Stiles, die sich umstandslos in die Wald- und Seenlandschaft einfügten. Im Norden dagegen blickten funkelnagelneue Prominentenvillen hochnäsig über Thujenhekken, Domizile jener Schönen und Reichen, deren Affären die Herzen der Leser der Boulevardpresse und der Lifestylemagazine höherschlagen lassen. In aller Stille hatten sich hier auch schwer definierbare, eher zwielichtige Gestalten eingefunden, die die Öffentlichkeit scheuten und sich ein Leben ohne Bodyguards nicht vorstellen konnten. Die in letzter Zeit „Hereingeschneiten“ bildeten eine bunte Mischung, die nur deshalb nicht zu einer explosiven wurde, weil alle ein ungeschriebenes Gesetz beachteten: man kennt einander nicht, man hilft einander nicht, jeder sorgt für sich selber. Ein Gesetz, das der um sich greifenden Nomaden-Mentalität der Globalisierung besser entsprach als die in bodenständigeren Zeiten geschätzte gute Nachbarschaft. Außer der rechtzeitigen Teilnahme an der Bodenspekulation hatte jeder einen individuellen Grund, um einem Immobilienerwerb am See näherzutreten. Heimatgefühl und Verwurzelungsstreben zählten nicht dazu. Dem einen war es um eine goldgeränderte Visitenkarte zu tun, dem anderen um eine geographische Schlüsselstellung für diskrete Operationen in Süd- und Südosteuropa, ein dritter hatte vor, in lauen Sommernächten bei Grillfesten „die Kuh fliegen zu lassen“, ein vierter parkte Frau und Kinder auf dem Lande, damit ihm niemand in die Karten schauen konnte. Chacun à son goût.

Am frühen Morgen eines noch kühlen Juni-Tages kam ein einsamer Radler des Weges. Tryphon Karbunkel, der als Ruheständler frei über seine Zeit verfügen konnte, besaß zu dieser Stunde Bayerns schönsten Spazierweg, wie die Straße zum Verdruß der Autofahrer genannt wurde, für sich allein. Noch lag die Straße im Dunkel der Moränenhänge und der Waldstücke, während die Sonne schon das gegenüberliegende Ufer beschien, an dem namhafte Villen und beklagenswerte Bausünden gleichermaßen strahlend weiß aus der Waldkulisse hervortraten. Die Masten der ankernden Segelboote warfen lange Schatten, und mit Schutt beladene Container standen friedvoll wie ausgebrannte Panzer am Straßenrand, als ob die Schlacht um den Baugrund längst geschlagen sei. Wenn nicht gerade Regenwolken über den

See zogen und Pfützen die Hosenbeine bespritzten, nutzte Tryphon Karbunkel die frühe Stunde. Wenig später würden Baufahrzeuge und Lieferwagen, Inline-Skater und mit aerodynamischen Helmen und grellbunten Trikots sich auf der Tour de France wähnende Radsportler die eben noch so friedvolle Straße gründlich verschandeln.

Das winzige Büro in der Kreisstadt war für den radelnden Karbunkel nur ein Vorwand. Er kam, weil er auf der Suche war nach dem Ort seiner Kindheit, nach seinen Wurzeln, nach seiner Heimat. Über vierzig Jahre war er verschollen gewesen. Vom Verschwundenen wußte niemand etwas, außer dem Safe einer Regierungsorganisation in Washington D. C. Erst hatte Karbunkel erkannt, daß er sich fügen müsse, weil er keine Wahl hatte. Dann war er aus eigenen Stükken in der ihm übertragenen Rolle aufgegangen. Mit dem Erreichen der Altersgrenze war er endlich frei geworden. Er kehrte an seinen Geburtsort zurück, bezog sein Elternhaus und nahm seinen Geburtsnamen wieder an. Karbunkel radelte die Straße entlang und frug sich, was dieser verparkte, verschilderte, in das verdrossene Grau des Asphalts getunkte Verkehrsweg mit dem hellen und heiteren Band zu tun hatte, das sich in seiner Jugend durch die bis zum Seeufer reichenden Wälder und Wiesen geschlungen hatte. Damals, inmitten der Wirren der Kriegs- und Nachkriegsjahre, glaubte Karbunkel, die Straße sei das, was bleiben und sich niemals dem Druck des Vorübergehenden fügen werde, der Inbegriff seiner Heimat. Er war sich dessen nun nicht mehr so sicher.

Die Straße war vormals ein versteckter Pfad, später ein abgelegener Fuß- und Fahrweg gewesen, von niemand beachtet, bis eines Tages der bayerische König Ludwig II. ihren geringen Verkehrs-, jedoch potentiell hohen Freizeitwert entdeckte. Ludwig hatte schon in jungen Jahren den Geschäften des Landes und den Pflichten des Amtes entsagt, um sich selbst zu verwirklichen. Er schuf eine private

Erlebniswelt, ja im Laufe der Jahre einen ganzen Freizeitpark nur für eine, seine Person, was posthum aus ihm den weltweit bekannten Märchenkönig und unübertroffenen Magneten des Fremdenverkehrs gemacht hatte; die Straße stand am Anfang dieser merkwürdigen Vision. Noch nach vielen Jahren bewahrte sie etwas vom Geheimnis ihrer ursprünglichen Prägung. Die Straße war anders.

Bei Ausfahrten entlang des Seeufers kamen der Königskutsche kaum Fahrzeuge entgegen. War es einmal der Fall, stieg Ludwig aus und ging zu Fuß weiter, während die Fahrzeuglenker das durch die Enge der Straße bedingte Verkehrsproblem zu lösen versuchten. Ludwig verließ den Wagen nicht ungern, denn er liebte es, auf dem Wege die eine oder andere Buche zärtlich zu umarmen. Die Freude über die schöne Fahrt, bei der ihn niemand in seinem Majestätsein störte, schlug sich in allerhöchsten Gnadenbeweisen nieder. Er schenkte dem Wirt zum Dank für einen extragroßen Fisch ein Stück Seeufer und ließ der Schustersfrau ihren durch einen harten Winter lädierten Liliengarten wieder herrichten. Auch ein oft genannter Historienmaler aus der vom Monarchen gemiedenen Residenzstadt nahm alleruntertänigst ein Stück Grund entgegen, um am Obersee die erste jener bescheidenen Villen zu errichten, in denen sich ein besonderer Menschenschlag ansiedelte. Es waren Künstler, Gelehrte und Privatiers, denen die berauschende Schönheit der Natur und die stille Abgeschiedenheit mehr bedeuteten als die zivilisatorischen Bequemlichkeiten des gegenüberliegenden Ufers mit seinen stadteinwärts dampfenden und pfeifenden Eisenbahnen. Die Ostufler schätzten am Westufer nur eines, die sich im See spiegelnde Farbenpracht der untergehenden Sonne. Ohne Neid blickten sie hinüber zu den Villen der Kommerzienräte, sprachen abschätzig vom „Protzenhausen“ da drüben und fanden ihr Sommerglück hinter verfallenen Zäunen und unter den

Die südliche Seestraße
am Ostufer des Starnberger Sees

Laubdächern knorriger Obstbäume, die die Fischerhäuser umstanden.

Den schrillen Pfiffen der Lokomotiven, die nur das Eintreffen ungeladener Gäste avisiert hätten, war das stille Ufer mit knapper Not entronnen, als am Ende der Prinzregentenzeit das Ministerium die Pläne für den Bau einer Ostuferstrecke schubladisierte. Gegen die größere Gefahr des überhandnehmenden Automobilismus half dagegen kein Ministerium. Die sonst so besonnenen Anlieger griffen zur Selbsthilfe. In einer stürmischen Versammlung gründeten sie den Bund „Rettet Bayerns schönsten Spazierweg!“.

Auf die eher verkehrsstillen Kriegs- und Nachkriegsjahre war das unwiderstehliche Wirtschaftswunder gefolgt, eine wahre Dampfwalze des Fortschritts. Motorsportler wirbelten Staubwolken in die verwilderten, die Natur noch respektierenden Gärten. Den Anliegern fiel in ihrer Not nichts anderes ein, als die Teerung der für den Durchgangsverkehr gesperrten Straße zu beantragen. Nun folgte Malheur auf Malheur. Die lokale Polizeistation fiel dem bürokratischen Rotstift zum Opfer. Als die Ordnungshüter abgezogen waren, wurden die Verkehrsschilder, die Gesetzestafeln der automobilen Gesellschaft, kaum mehr beachtet. Ortsfremde drückten ungeniert aufs Gas und wahrten in der freien Fahrt für freie Bürger ihr unveräußerliches Menschenrecht. Das Zurückweichen der Staatsmacht schuf, wie oft in solchen Fällen, ein Vakuum, das clevere Investoren nur zu gerne ausfüllten. Was für Autofahrer recht war, mußte für Bauherren billig sein. Anwaltskanzleien traten den langen Marsch durch die Verwaltungsgerichtsbarkeit an, Behördenvertreter wurden so lange genervt, bis das Bier ihnen nicht mehr schmeckte, der Denkmalschutz ausgehebelt. An der Straße brodelte es. Sie war nicht nur umstritten, sondern umkämpft, mit juristischen, aber auch mit anderen Waffen.

An besagtem kühlem Junimorgen war Karbunkel länger als sonst unterwegs. Er hatte sich gerade den Freizeitanlagen genähert, als ihm auffiel, daß vor einer der letzten Prominentenvillen ein halb verborgenes, von Weinlaub umranktes Tor offenstand und den Blick auf etwas Kies, ein paar Stufen und eine barockisierende Bodenleuchte freigab. Den Rest des Villengrundstücks verdeckte eine mannshohe Thujenhecke. Karbunkel kam näher. Am Mauereck schnupperte eine stattliche Dogge, auf deren Halsband ein Wappen mit drei Federbüschen und den ineinander verschlungenen Buchstaben S und W prangte. Der heraldische Mißgriff kam Karbunkel irgendwie bekannt vor, doch fiel ihm nicht ein, wo er ihm schon einmal begegnet war.

„Maximilian, komm her“, schallte es aus dem Off. Kurz darauf betrat eine hagere Gestalt in einer Kniebundhose und einem Walkjanker, sowie einem Hut, der durch häufiges Lüften mit fettigen Fingern eine seltsame Patina erhalten hatte, die kleine Bühne. Die Gestalt nestelte am Halsband der Dogge und blickte dann auf:

„Ja, Herrgottsakrament, bist du der Trüfferl, ja gibt's denn das?“ „Das gibt's, Wiggerl, du siehst's ja.“

Wiggerl schüttelte den Kopf, murmelte „Schwere Wetter …“ und zog aus der Hosentasche einen Obstler. „… Schwere Reiter“ erwiderte Karbunkel und nahm einen gebührenden Schluck.

„Ja, sag mal, wie kommst du hierher, nach mehr als einer Ewigkeit?“

„Das Alter macht es. Ich habe mich zur Ruhe gesetzt, wohne wieder an der Straße, interessiere mich für den Sonnenuntergang und fahre des Kreislaufs wegen jeden Tag etwas Rad.“ „Da schau her, vom hohen Roß auf das klapprige Rad!“ „Und du, Wiggerl?“

„Ich bewache Haus und Hund. Wenn jemand herumlungert, hör ich mich im Dorf um. Der Chef nennt mich sein Frühwarnsystem.“

„Und der Chef hat die Initialen S und W?“

„Richtig, Mr. Steve Wilder.“

„Ist er in der Nähe, der Mr. Chef?“

„Nein, um diese Zeit ist er meist in Capri. Ausspannen sagt er. Doch vor einigen Tagen war er ganz aus dem Häuschen. Die Giganten der multinationalen Freizeitbranche träfen sich gerade jetzt und ausgerechnet in Capri. Sie hätten Milliarden im Rücken und die Absicht, an unserem See zu investieren. Da dürfe er sich nicht blicken lassen. Hat jedoch den Gustl hingeschickt, ob er etwas herausbekommt.“

„Gustl?“

„Na, du erinnerst dich doch an den Bachmeier Gustl mit den Bizepsen. Er hat jetzt so viele Fitness-Studios eingesakkelt, daß er mit dem Zählen gar nicht mehr nachkommt.“

„Schwere Wetter, Schwere Reiter, der Gustl ist nun schon der dritte aus unserem alten Bund.“

Karbunkel wollte sich gerade nach den übrigen löblichen Reitern erkundigen, als ihm einfiel, wo er das seltsame Wappen, den heraldischen Mißgriff schon gesehen hatte. Er wurde bleich, riß ein Blatt aus seinem Notizbuch, schrieb eine Telephonnummer hin und verabschiedete sich.

„Ruf bald an, dann reden wir weiter. Ich muß in die Kreisstadt. Ein Termin.“ Leicht schwankend, infolge der beunruhigenden Entdeckung oder des genossenen Obstlers, setzte er sich wieder in den Sattel und radelte davon.

Vergangenheit, die nicht vergehen will

40 Jahre hatte Karbunkel auf der südlichen Halbkugel des ächzenden Planeten verbracht. Er hatte eine steile Karriere hinter sich, von der kaum etwas in die Öffentlichkeit gedrungen war, denn in seinem Metier war Verschwiegenheit das oberste Gebot. Nun war er als Ruheständler heimgekehrt, um wieder dort Wurzeln zu schlagen, von wo aus er nicht ganz freiwillig in die Welt gezogen war. Er wollte seine berufliche Vergangenheit abstreifen wie eine alte Haut und sich eingliedern in die anonyme Masse der Ruheständler, die niemanden interessieren als ihre engsten Angehörigen, und manchmal nicht einmal die.

Seine Personalien hatte er bereinigt und nach einigem Hin und Her in der Staatskanzlei einen auf seinen Geburtsnamen ausgestellten Paß erhalten. Auf der vorletzten Seite fand sich ein zusätzlicher, wenn auch nicht besonders zeitgemäßer Vermerk: der volle Name lautet Reichsfreiherr von und zu Karbunkel. Was, wenn nichts sonst, zumindest den eigenartigen Vornamen Tryphon erklärte. Doch wurde seine Freude über die wiedergewonnene Identität nachhaltig getrübt, als er in der Rubrik „Staatsangehörigkeit" zu seinem Ärger „deutsch" las, statt „bayerisch", und das ihm. Ja, wie hamma's denn? War die Verfassung des Freistaats Bayern, die so schön über die bayerische Staatsangehörigkeit sprach, inzwischen in den Papierkorb gewandert?

Wie die Katze das Mausen nicht läßt, hatte Karbunkel allen guten Vorsätzen eines ungestörten Ruhestands zum Trotz in der Kreisstadt zwei Büroräume gemietet. Sie befanden sich hinter der Pfarrkirche St. Maria in einem Neubau von so durchschnittlicher Scheußlichkeit, daß das

Pied-à-terre allen Anforderungen der Unauffälligkeit genügte. Im vierten Stock – das Fehlen eines Lifts war ein zusätzlicher Pluspunkt – wartete allmorgendlich hinter einem Türschild „Internationale Nachforschungen“ die Belegschaft in Gestalt von Fräulein Walburga Steigleder auf die heraufkommenden Tritte des Chefs. Fräulein Steigleder erfüllte die Aufgabe, den Ruhestand Karbunkels abzuschirmen, mit Bravour und Fingerspitzengefühl. Stets höflich und beherrscht fuhr sie nur dann aus der Haut, wenn jemand ihr den ehrbaren Stand des unverheirateten Fräuleins streitig machte und sie mit einer feministisch verquasten, wenn auch politisch korrekten Anrede als „Frau Steigleder“ titulierte. Ansonsten goß sie die Geranien auf dem Balkon und hielt nach dem Chef Ausschau.

Fräulein Walburga Steigleder seufzte erleichtert, als sie die Schritte des Verspäteten auf der Treppe hörte. „Na, Gott sei Dank, sie sollten wirklich etwas vernünftiger sein und weniger radeln. Sie sehen ja ganz angegriffen aus.“

„Das Fahrrad bleibt in nächster Zeit im Stall. Morgen früh geht es mit dem Flugzeug in den Süden. Dort sitze ich ein, zwei Wochen auf einer felsigen Insel; Autostraßen nur dort, wo man nicht hin will, und schon gar keine Gelegenheit, aufs Rad zu steigen. Zurück bleibt mein Wunsch an Sie, liebes Fräulein Steigleder, alle erreichbaren Informationen über einen gewissen Mr. Steve Wilder zu sammeln. Er ist Amerikaner, besitzt eine Villa in unserem Landkreis und ist in mancherlei Geschäfte verwickelt. Mehr weiß ich nicht. Vermutlich hieß er früher anders, nämlich Stefan Wildbauer. Und den kannte ich, wenn auch nicht von seiner besten Seite. Vorsicht vor Wespen. Wilder dürfte mich mittlerweile ins Visier genommen, aber nicht ins Herz geschlossen haben. Ich stieß zufällig auf den Wiggerl, einen Freund aus alten Tagen. Wiggerl arbeitet heute für Wilder.

Ich werde Ihnen gleich von Anfang an erzählen, worum es geht. Doch erledigen wir zuvor noch die Post.“

„Es ist nicht viel da."

„Um so besser."

„Aus Singapur haben wir eine Anfrage, ob nach der Einstellung von ‚International Finance & Government' die persönliche Beratung im Jahresturnus fortgesetzt werden wird."

„Winken Sie dankend, aber entschieden ab. Auf dem Briefpapier der Zeitschrift, aber ohne meinen Namen."

„Aus Regensburg kam der Brief eines Malermeisters. Eine ihm unbekannte staatliche Stelle in Nigeria habe angeboten, eine Million Dollar, die von einem Ölgeschäft übrig seien, vorübergehend auf sein Konto zu transferieren. Davon dürfe er 20 Prozent einbehalten."

„Bitten Sie ihn ins Büro. Warnen Sie ihn dringlich, den Brief, gleich wie, zu beantworten. Es geht um seine Adresse. Bereiten Sie ein paar Unterlagen vor, etwa den Zeitungsausschnitt über den Augsburger, der nach Nigeria flog, um seine neuen Geschäftsfreunde kennenzulernen, und prompt spurlos verschwand. Die Krokodile werden sich gefreut haben."

„Aus Paris ist da noch ein Irrläufer. *From David to Douglas*."

„Kein Irrläufer, es handelt sich um einen ehemaligen Kollegen. Wir wollen uns treffen. Doch bitten Sie ihn, den Termin zu verschieben. Wenn das alles ist, dann schalten Sie das Telephon ab und nehmen Sie sich den Sessel, der Ihnen am sympathischsten ist, die Auswahl ist nicht sehr groß."

Dann setzte Karbunkel das vertrauenswürdige Fräulein ins Bild. Er sei als junger Mann in eine schlimme Bredouille geraten, in ein tiefes Loch gefallen. Die alte Sache, von der er geglaubt habe, sie sei ein für allemal in den Archiven der Militärregierung begraben, beginne erneut zu rumoren, wie ein Vulkan, der lange Zeit nach seinem letzten Ausbruch wieder tätig wird. In den Kriegsjahren habe er am Gymnasium Freunde besessen, denen – wie ihm – die bayerische Heimat und das angestammte Königshaus mehr bedeuteten als ein sich in Großräumen manifestierender Triumph des Willens.

Als die Amerikaner in Bayern einmarschierten, gedachten die Freunde, das Eisen zu schmieden, solange es noch heiß war. Die Alliierten hatten den deutschen Staat ausgelöscht und sich selbst an seine Stelle gesetzt. Die vierfache Besatzungsherrschaft würde kaum lange währen. Und dann? Kam dann die langersehnte Stunde, in der Bayern unter seinem Königshaus, den Wittelsbachern, wiedererstehen würde? Ein stabiler und volksnaher bayerischer Staat werde ein Hort des Friedens sein, eine Ordnungszelle inmitten von Trümmern und Chaos. Das müßten auch die Amerikaner einsehen. Hatte die Militärregierung nicht schon ein Signal gesetzt, als sie einen unzweifelhaften Monarchisten zum bayerischen Ministerpräsidenten ernannte?

Die Freunde pilgerten frohgemut in das Münchner Prinzregententheater, um der Gründungskundgebung der „Bayerischen Heimat- und Königspartei“ beizuwohnen. Doch bald folgte die kalte Dusche. Die neue Partei wurde von der Frankfurter Militärregierung verboten, der König vom politischen Schachbrett genommen. Das Spiel war aus. In den jungen Leuten stieg ein rechter Zorn auf, ein echtbayerischer Grant. Wenn man ihnen den legalen Weg zum legitimen Ziel versperre, dann würden sie als bayerische Patrioten die Ärmel erst recht hochkrempeln. Es war der Wiggerl, der einwarf, es liefe ja auf einen Geheimbund hinaus, und der brauche ein Erkennungszeichen, eine Parole. Die Freunde erinnerten sich der Schweren Reiter, des Münchner Regimentes, mit dem ihre Väter in den Ersten Weltkrieg gezogen waren, und nahmen als Losung: Schwere Wetter, Schwere Reiter.

Doch so sehr die Freunde fortan die Köpfe zusammensteckten, mehr als weiß-blaue Seifenblasen wollten nicht in

Die Schrenck-Villa in Ammerland

den bayerischen Himmel steigen. Bei gründlicherer Überlegung taugte keiner ihrer Pläne viel.

Eines Tages wurde der Freundeskreis verpfiffen. Das war damals keine Seltenheit, da die subtile Grenzlinie zwischen Demokratie und Denunziation noch nicht gezogen war. Wie aber konnte der Verdacht auf einen Schweren Reiter fallen? Hatte sich ein Judas eingeschlichen? Ein amerikanischer Captain, der nicht viel von Denunzianten hielt, ließ eines Tages Karbunkel bei einem Verhör mit dem Protokoll allein. Stephan Wildbauer, der immer nur still dabeigesessen war und Wappen gezeichnet hatte, war der Verräter.

Landauf, landab hatten sich amerikanische Dienststellen in Villen und Schlössern einquartiert. Besonders die emsigen Geheimdienste legten ihre Hand nicht nur auf luxuriöse, sondern auch auf einsame Unterkünfte. Da es rund um den See an ansehnlichen Häusern in großen Parks und Waldlichtungen nicht mangelte, traten bald Geheimdienststellen einander auf die Füße, besonders bei der Jagd auf „Werwölfe“, die kaum mehr als virtuellen deutschen Partisanen. War einem Dienst ein solch seltenes Wild ins Netz gegangen, so war er besorgt, die Beute rechtzeitig in Sicherheit zu bringen, um sie nicht mit einem anderen Geheimdienst oder gar der wichtigtuerischen Presse teilen zu müssen.

Karbunkel wurde in Italien den Blicken der Weltmeinung entzogen und kräftig in die Mangel genommen. Er erkannte bald, daß ihm keine Wahl blieb, und verpflichtete sich, für die Amerikaner zu arbeiten, mit der Maßgabe allerdings, nicht in oder gegen Bayern eingesetzt zu werden. Jung wie er war, tröstete er sich damit, daß das Know-how eines amerikanischen Spitzenagenten für den späteren Aufbau eines königlich bayerischen Geheimdienstes von unschätzbarem Wert sein werde. Es war Glück im Unglück, daß der Dienst, der sich seiner bemächtigt hatte, mehr Sympathien für europäische Monarchisten besaß als für die Politiker des eigenen Landes. So konnte Karbunkel, nachdem die Würfel einmal gefallen waren, sich über die Behandlung in amerikanischen Diensten nicht beklagen.

Unweit von Pisa absolvierte er die Grundausbildung, dann wurde er in die USA verschifft, wo seine neue Identität bereits auf ihn wartete. Er war von nun an der Schwede Kjell Johannson, dessen Vater Mats als emsiger Vertreter von Rasierklingen ganz Amerika bereist hatte. Seine aus Deutschland stammende Mutter Erika habe ihn in Caracas aufgezogen. Nach intensiven Sprachkursen ermöglichte ihm der Dienst das Studium der Finanzwissenschaft bei einem weltberühmten Professor, der später mit dem Nobelpreis ausgezeichnet wurde. Der junge Doktor Kjell Johannson gründete die Zeitschrift „International Finance & Government“. Die Abonnenten dieses kleinen grünen Blattes erwarben das Recht, sich einmal im Jahr vom angesehenen Herausgeber persönlich beraten zu lassen.

Da das beabsichtigte Einsatzgebiet Johannsons, der lateinamerikanische Hinterhof der USA, noch aus Kriegszeiten von US-Agenten wimmelte, wurde er in die ehemaligen englischen Kolonien in Asien und Afrika versetzt. Im Außendienst besuchte er als neutraler Schwede die in Finanzdingen noch ungeübten Politiker und Beamten der neuen Staaten und beriet sie nach bestem Wissen und Gewissen, doch so, daß sie hernach die amerikanischen Interessen förderten und die britischen hintanstellten, von den russischen ganz zu schweigen. Im Innendienst wertete er seine Reisen aus und unterrichtete den Geheimdienstnachwuchs über die Region.

Die Jahre vergingen wie im Fluge. Zum vorgesehenen Zeitpunkt wurde Johannson mit einer hohen Summe und einem Handschreiben des Präsidenten in den Ruhestand verabschiedet.

Er hatte sich stets an die Verpflichtung gehalten, keine Kontakte mit seiner Heimat aufzunehmen. Nun war diese

Verpflichtung hinfällig. Er kehrte heim, ohne zu ahnen, daß die alten Verstrickungen auf ihn gewartet hatten. Doch wenn, erklärte er Fräulein Steigleder, die Vergangenheit nicht vergehen wolle, dann werde er auch nicht davonlaufen. Er sei zwar im Ruhestand, doch die Wachsamkeit, die er in seinem Beruf eingeübt hatte, sei ihm geblieben. Dann bat er das verdutzte Fräulein, baldmöglichst den Portier des Hotels Quisisana in Capri zu verständigen, daß er in den kommenden Tagen zur gewohnten Bridge-Runde zur Verfügung stehe. Er verabschiedete sich, nahm seinen Hut vom Haken, bat Fräulein Steigleder, die Geranien und Mr. Steve Wilder nicht zu vergessen, und ging auffallend beschwingt die Treppen hinunter.

Der Fels des Tiberius

Der Aliscafo hatte pünktlich von der Mole Beverello abgelegt und Kurs auf Capri genommen. Ein kräftiger Wind blies, und das Meer wurde unruhig. Das Tragflügelboot klatschte im Takt auf die Wellen. Karbunkel musterte die wenigen Passagiere und versank in einem der tiefen Sessel. Seine Gedanken reisten voraus. Die Affäre, die unerwartet seinen Weg gekreuzt hatte, würde ihn nicht daran hindern, den gewohnten Beschäftigungen nachzugehen: Spazierengehen, Schwimmen im Meer, Wiederlesen eines Buches, das vor Jahrzehnten in seinem Kopf eine Furche gezogen hatte. Nur nebenbei würde er sich umhören, etwa in der Bridge-Runde mit den steinreichen und steinalten Amerikanern des Hotels Quisisana oder an den Tischen der Cafes auf der Piazzetta.

Dieser kleine Platz – zwischen dem Campanile, dessen Kacheluhr zum Wahrzeichen der Insel geworden war, dem Rathaus, in dessen Hof eine Tafel an das noble Vorbild des „Times"-Journalisten Henry Wreford erinnerte, der 1842 für einen Tag nach Capri gekommen und fünfzig Jahre geblieben war, und den Stufen des Aufgangs zur Kathedrale San Stefano – war eine seltsame Mischung von Nadelöhr und Freilichttheater. Hier mußte jeder durchkommen, es gab keinen anderen Weg. Das Freilichttheater war ein Einfall von Raffaele Vuotto, der zwischen 1934 und 1938 den bis dahin leeren Platz, auf dem Kutschen und Autos Gäste absetzten, mit Cafehaustischen vollstellte. Übrig blieben Laufstege, auf denen sich Einheimische und Touristen bewegten, die in stetem Wechsel aus den einmündenden Gassen oder von der großen Terrasse der Funicolare kommend sich begrüßten oder verabschiedeten, sich an einen der Tische setzten oder von der Bühne wieder abtraten.

Karbunkel überlegte gerade, in welchem Café er seinen Beobachtungsposten errichten wollte, als der Aliscafo mit einem Ruck stehen blieb und kräftig zu schaukeln begann. Die Matrosen liefen zusammen, das Geräusch eines Hubschraubers war zu hören. Er kreiste dicht über dem Wasser, auf dem Polizeiboote hin- und herfuhren. Ein Fischerboot tuckerte mit zwei Tauchern an Bord hafenwärts. Eine formidable Yacht wurde abgeschleppt. Schon war alles vorüber. Auch der Aliscafo startete wieder und lief nach einigen Minuten in die Marina Grande ein. Karbunkel gab sein Gepäck einem Dienstmann, an dessen Mütze der Name des Hotels stand, in dem er zu logieren beabsichtigte, und bestieg die Funicolare.

Die Glocken des Campanile hatten gerade acht geschlagen, als Karbunkel die Bühne der Piazzetta betrat. Er steuerte auf eine Wand zu, vor der eine Bank und zwei Tische standen. Das Beobachtungsfeld war beschränkt, doch der Rücken blieb frei, und das war ihm aufgrund seiner beruflichen Erfahrung wichtiger. In der Mitte der Piazzetta gestikulierten einige Gendarmen, denen man anmerkte, daß Sport nicht auf ihrem Dienstplan stand. Ihre über den Köpfen kreisenden Zeigefinger waren als Hubschrauber, ihre über das Pflaster wandernden Blicke als Suche im Meer, ihr ratloses Schütteln der Köpfe als Fazit des Einsatzes leicht zu deuten. Als sich von der Funicolare drei unauffällig gekleidete Herren mit besserer Kondition und intelligenterem Gesichtsausdruck näherten, salutierten die Gendarmen linkisch und zogen sich eilends in ihre Wachstube im Rathaus zurück. Die Aufklärung des Zwischenfalls vor der Marina Grande war offensichtlich einer höheren Dienststelle mit politischem Fingerspitzengefühl übertragen worden. Waren gar Prominente in die Sache verwickelt? Ein Finanzmann, ein Showmaster oder gar ein Onorevóle? Die Herren errichteten im Gran Caffè, schräg gegenüber von Karbunkels Beobachtungsposten, ihren Gefechtsstand.

Als Karbunkel nach einer ereignislosen halben Stunde sich entschlossen hatte, noch einen Negroni zu bestellen, tauchte ein gepflegter älterer Herr in grauen Flanellhosen mit umgehängtem kanariengelben Pullover auf. Sein höfliches Lächeln galt jedermann, denn er gab nolens volens der Öffentlichkeit, was der Öffentlichkeit gehört. Anonym bleiben konnte der prominente Multimedia-Künstler in Capri nicht, und so sorgte er wenigstens durch sein Mienenspiel dafür, daß die Urlauber den lange haftenden Eindruck „feiner Herr", „schrecklich nett", „den habe ich in Capri kennengelernt" mit nach Hause nahmen.

Er hatte die Bank an der Wand und den freien Tisch erspäht. Prominente stellen manchmal wie Geheimagenten die Rückenfreiheit über alle anderen Freiheiten. Der Multimedia-Künstler wählte die Körpersprache: eine leichte Verbeugung, ein fragender Blick und ein kleines Handzeichen in Richtung Tisch. Karbunkel, der am Tage seiner Pensionierung beschlossen hatte, nie wieder Verstecken zu spielen, sagte freundlich:

„Aber bitte, Herr Camelot."

„Merci, Sie sind ein Landsmann?"

„Ganz aus Ihrer Nähe. Ich bin am Südende der Straße großgeworden, war zwischendurch 40 Jahre beruflich in Übersee und bin erst seit einigen Monaten wieder zuhause. Mein Name ist Karbunkel."

„Es ist mir ein wirkliches Plaisir, Sie zu treffen, Herr Karbunkel. Heutzutage fällt der Radius eines einigermaßen bekannten Künstlers mit dem des Globus zusammen, wenn man Nord- und Südpol und das Innere Afrikas mal vergißt. Man lernt die Welt kennen und verliert den Kontakt zu den nächsten Nachbarn, wenn nicht der Zufall einmal, wie heute, seine Hand im Spiel hat."

„Als ich zurückkehrte, dachte ich an Antrittsbesuche, Herr Camelot. Doch wen würde ich antreffen? Eine gebrochen deutschsprechende Reinigungskraft, einen mißmutigen Wachmann mit dem Pistolenhalfter unter dem Jackett, einen Makler, der gerade das Verkaufskarussell in Schwung bringt? Oder gar den derzeitigen Villenbesitzer, wenn er auf dem Kiesplatz unter einem Sonnenschirm mit dem Handy herumspielt? Man kann von Glück reden, wenn er beim Telefonieren das Hemd anbehält, von dem gestylten Zahn in seiner Begleitung einmal abgesehen."

„Früher, Herr Karbunkel, absolvierte man einen Antrittsbesuch in Zylinder und Handschuhen, nachdem man zuvor eine Visitenkarte und Blumen für die Dame abgegeben hatte."

„Aber, Herr Camelot, einen Zylinder konnte man nur im großen Horch aufbehalten, doch unser Bund ‚Rettet Bayerns schönsten Spazierweg' hat das Ziel, den Autoverkehr einzudämmen, auch den von Oldtimern. Anlieger müssen mit gutem Beispiel vorangehen, auch bei Antrittsbesuchen. Doch Sie haben Recht, den Kontakt mit den Nachbarn sollte man dem Zufall überlassen."

Camelot kam auf den Bund zu sprechen: „Die Rettungsbündler, deren Anliegen ich voll und ganz unterstütze, müssen sich fragen lassen, ob es den Automobilismus aufhält, wenn man sich vor die Motorhaube wirft und ‚halt' ruft. Ich zweifle und habe mein Haus in weniger exponierter Lage an einem Seitenweg oberhalb der Straße gebaut. Dem Rettungsbund, dessen Arbeit ich schätze, bin ich ferngeblieben, weil der Künstler nicht Partei nehmen sollte. Kunst muß allen offen stehen und niemanden vergraulen. Meine Devise ist ‚vereinen statt spalten'. Die Rettungsbündler wollen zu oft mit dem Kopf durch die Wand. Samuel Pepys, ein hoher Beamter des Marineamtes in London während der Stuart-Restauration, erwog in seinem Tagebuch, was die Karriere mehr fördere, Leistung oder Gunst. Heute regiert die Gunst der Öffentlichkeit. Die Rettungsbündler sollten um die Öffentlichkeit werben und Andersdenkende nicht schon mit dem ersten Wort verprellen."

Karbunkel bemerkte, daß Pepys durch die Gunst seines Vetters, des 4. Earls of Sandwich, der durch die Erfindung, wie man sich verköstigen kann, ohne vom Spieltisch aufzustehen, unsterblich ist, als Beamter im Marineamt unterkam. Im Amt habe er sich jedoch gegen seinen Vetter gestellt, dessen Flotte den König zuviel kostete. Camelot war beglückt, auf der Piazzetta einen Pepys-Kenner getroffen zu haben, doch bei dem Wort Sandwich fuhr er zusammen. Er wartete ja darauf, zum Abendessen abgeholt zu werden. Der verabredete Zeitpunkt war längst verstrichen. Erst hatte man ihn gedrängt, zwei Tage vor seiner Frau und Tochter nach Capri zu kommen, da er nur so einige Top-Investoren treffen könne, die sich für die Kulturlandschaft am See ebenso mäzenatisch interessierten wie für Camelots *Œuvre*. Und nun hatten die hochmögenden Herren ihn versetzt. Karbunkel ergriff die Gelegenheit, Camelot in das nahegelegene Restaurant „Da Gemma" abzuschleppen, nicht zu einem Sandwich, sondern zu einem solennen Mahl. Als sich die beiden nach dem letzten Glas trennten, hatte Karbunkel das Wenige erfahren, was Camelot über die Investoren und ihre Planungen wußte. Es wollte ihm nicht mehr aus dem Kopf, daß es zwischen dem Vorfall bei der Marina Grande und dem geplatzten Abendessen Camelots mit den Investoren einen Zusammenhang geben müsse.

Am nächsten Tag ging Karbunkel wieder über die Piazzetta, an der kein Weg vorbeiführte. Er wollte sich zur Bridgerunde, die der Portier des Quisisana umsichtig vorbereitet hatte, nicht verspäten. Die Piazzetta schien dieses Mal aus dem Gleichgewicht zu sein. Die wenigen Gäste an den Caféhaustischen blickten irritiert, über die schmalen Laufstege drängten sich Schiffsladungen von Touristen in sichtlicher Eile. Der Bürgermeister hatte ihnen verboten, auf dem Platz stehenzubleiben. Doch führte kein anderer Weg zu den Giardini di Augusto und ihrer Aussichtsplattform, von der der Blick nach links auf die drei aus dem Meer hochaufragenden Felsen der Faraglioni gerichtet war, nach rechts auf den kleinen Badeort Marina Piccola. Die Fremdenführer pflegten heftig gestikulierend nach links auf die blauen Eidechsen aufmerksam zu machen, nach rechts auf die Millionäre. Ein Münzfernrohr ermöglichte es sogar, badende Millionärstöchter mit den eigenen Töchtern zu vergleichen.

Kaiser Augustus war gewiß der erste und bedeutendste Capri-Liebhaber, doch residierte er an der Marina Grande. Die Gärten des Augustus und die unterhalb in Serpentinen hinabführende malerische Straße hatte der Industrielle Friedrich Krupp dem Ort geschenkt. Als der Erste Weltkrieg allerorten die patriotischen Gemüter erhitzte, strichen die Capreser ohne Gruß und Dank den Namen Krupp und ersetzten ihn durch Augustus. Sie ließen sich nicht einmal davon abhalten, über das Geschenk Krupps ein Lenin-Denkmal zu stellen. Doch dürften Lenin, Krupp und Augustus die Touristen ja weniger interessieren als Millionärstöchter und blaue Eidechsen.

Auf der Piazzetta, die außer Caféhaustischen auch den einzigen Zeitungskiosk der Insel aufwies, erstand Karbunkel die Regionalzeitung „Il Mattino“ und las sie, so wie die Einheimischen vor Vuotto ihren Kaffee getrunken hatten, im Stehen. Die Schlagzeile lautete: „Wo ist Monday? Medienmogul spurlos verschwunden“. Archivphotos zeigten einen vierschrötigen Mann im offenen Hemd, dem man, wenn man konnte, besser aus dem Weg ging, während seine Yacht „Empire“ einen weit einladenderen Eindruck machte. Es folgten Spalten mit altem Archivmaterial über den Aufstieg Mondays vom barfüßigen Hirtenbuben in den Karpaten zum Herren eines Medienimperiums, zu dem die westliche Welt aufblickte. Angehängt waren einige neuere Meldungen über finanzielle Engpässe des Moguls. Über die Gründe von Mondays Verschwinden – Entführung, Mord, Selbstmord, freiwilliges Untertauchen, ein Scherz kam bei der unkomischen Finanzlage des Moguls wohl weniger infrage – spekulierte die Zeitung so raffiniert, daß der naive Leser, und wer ist das nicht, sich später daran erinnern würde, daß der „Mattino“ ziemlich richtig vorhergesagt hatte. Vieldeutigkeit ist die uralte Technik der Wahrsager. Doch fischte Karbunkel aus dem Medienschrott eine handfeste Information: Die sofort aufgenommene Suche würde von Commissario Lambrusco geleitet, der den Lesern des Blattes als „La lince“ – der Luchs – bekannt sei. Karbunkel blickte sich nach einem Papierkorb um, in dem er das Blatt entsorgen konnte, da traf sein Blick auf ein ihn sorgsam musterndes Augenpaar. War es gar der Luchs? Karbunkel grüßte höflich, aber unauffällig und ging die Via Vittorio Emanuele, die Straße der teuersten Geschäfte, zum Hotel Quisisana hinauf. In der Zeit erschwinglicherer Preise hatte diese Straße noch Via Hohenzollern geheißen.

Der langgestreckte, wenn auch nicht sonderlich hohe Bau des Hotels Quisisana trug seinen Namen nicht zufällig. Um 1860 hatte der schottische Arzt Clark sein Lungensanatorium „Wo-man-heilt“ auf das damals freie Feld des Inselsattels südlich des Ortes gestellt. Aus der Heilanstalt wurde ein Grandhotel, das mit jedem Um- und Ausbau eine noch exquisitere Klientel – Schöne und Reiche, echte und falsche Adlige, englische Globetrotter und italienische Tenöre – gewann.

In den sechziger und siebziger Jahren war das Dolce vita wie ein Schirokko über die Insel gebraust. Die Prominenten der Massenunterhaltung (Medien, Sport, Politik, Mode) hatten inzwischen das Zepter von den reichen Exzentrikern übernommen. Da prominent ist, wer an möglichst vielen Orten gesehen und photographiert wird, hinterließen die Prominenten ihre Photos an den Wänden der Restaurants und Frisiersalons und reisten weiter. Durch geschicktes Eventmanagement füllten die Hotels die gelichteten Reihen der Prominenten mit Tagungsteilnehmern, Kultur-, Naturbeflissenen und Adabeis auf, die sich selbst prominent fühlten, sobald sie in Sesseln saßen, von denen sie glaubten, daß Prominente sie angewärmt hatten.

Ein schußbereiter Gesellschaftsphotograph pirschte sich an die spärlich besetzte Terrasse des Hotels heran, dort wo von Norden und Osten die beiden Einkaufsstraßen der Insel zusammenliefen. Wie an der Via Monte Napoleone in Mailand oder der Maximilianstraße in München warfen die italienischen Modehäuser auch hier ihre großen Namen in das meist matt glimmende Einkaufsfeuer. Luxusboutiquen (Alta moda, Kaschmirpullover, Juwelen) wechselten mit Touristenläden (Badekostüme, Parfüms, Medikamente). Nur für Unterhaltungselektronik gab es keinen Markt. Wer wollte schon den vielbesungenen Mond Capris, die auf dem dunklen Meer hüpfenden Lichter der Fischerboote und die weiche Luft einer Inselnacht gegen das Allerweltsgezappel und -geplärr der TV-Sets tauschen?

Karbunkel kam von der Straßenseite über die Terrasse. In der Halle hielten unter der Büste des Tiberius einige nachlässig gekleidete Gestalten auf Barockfauteuils ihre Siesta, vor sich Tischchen mit Handys, Laptops und Whisky-Flaschen – die Presse. Der umsichtige Portier zwinkerte Karbunkel zu und schloß hinter der Bibliothek eine Pforte auf, die direkt in den palmenbestandenen Hotelgarten führte. In einem schattigen Rondell war der Bridgetisch aufgeschlagen. Mit Karbunkel war die Runde komplett, doch im Mittelpunkt standen nicht die Karten, sondern Dick Harrison.

„Der Hubschrauber plötzlich weg? Was war los?“

„Ich stieg aus dem Taxi. Das verdammte Ding fort, nur über dem Meer ein kleiner Punkt, der sich auf die Küste zubewegte, das kann aber auch ein Hubschrauber aus Ischia gewesen sein.“

„Dein Flug war vorbestellt?“

„Der Portier hatte einen Tag zuvor telefoniert. Als ich kam, war der Eliporto leer und das Tor geschlossen."

„Nichts zu machen?"

„Es dauerte ewig, bis ich einen, der verantwortlich schien, aus der Siesta aufgestöbert hatte. Der Mann zeigte mir brummig die Flugliste. Da las ich, daß ich um 14:30 Uhr abgeflogen sei und um 18 Uhr zurückerwartet werde."

„Wo warst du um halb drei?"

„Auf der Piazzetta, auf dem Weg zu den Taxis in der Via Roma.

„Mit Verspätung?"

„Ich wollte gerade zur Piazzetta hinuntergehen, da kamen gleich zwei Schiffsladungen Japaner. Ich hasse es, zerquetscht zu werden, und trat auf die Seite. Gegenüber ein Eiskiosk. Zwei italienische Rangen balgten sich um eine Eistüte. Plötzlich rannten sie los. Das Himbeereis flog auf meine Hose. Ich wollte hinterher, ihnen eine knallen, doch mein Knie machte nicht mit. Ich humpelte ins Hotel, mich umziehen, da war meine Frau aus Chicago am Telephon. Das Eis, mein Knie, meine Frau, zusammengezählt kostete es mich eine gute Dreiviertelstunde."

Gerade waren die Karten gemischt und die erste Zigarre angezündet, da stand der Portier mit einem sportlichen jungen Mann im T-Shirt am Bridgetisch. Es war der Pilot. Eine Stunde vor dem Abflug war er an das Telephon gerufen worden. Ob ein Hubschrauber bereitstehe? Nur der für Mr. Harrison um 14:30 Uhr. Um Viertel nach zwei erschienen drei Herren mit Gepäck. Sie trugen sich in die Flugliste als Mr. Harrison und Begleiter ein und zahlten im voraus, auch den Rückflug. Für alle Fälle ließen sie sich vom Piloten die Nummer seines Handys geben. Um 17 Uhr kam die Nachricht, daß die Herren nicht nach Capri zurückfliegen würden. Wie sie aussahen? Alle drei Mitte vierzig, hellblaue Sommeranzüge, dem Typ nach coole amerikanische Geschäftsleute mit einem akademischen Habitus. Etwas im

Hubschrauber liegengelassen? Eigentlich nicht, oder doch, ein „Mattino“ vom Vortag. Etwas angestrichen? Ja, eine Reportage über Luxus-Yachten im Mittelmeer, mit einem Bild der „Empire“, die am Abend in Neapel erwartet werde. Sonst nichts Auffälliges? Doch vielleicht. Der vorgebliche Mr. Harrison entnahm die Banknoten einer roten Aktenmappe mit blauen Griff. Der Pilot legte den „Mattino“ auf den Bridgetisch und entfernte sich.

Die Bridgekarten wurden neu gemischt und verteilt, da tauchte aus der Tiefe des Gartens Commissario Lambrusco, der Luchs, auf. Er stellte sich vor und frug Mr. Harrison nach seinen Beobachtungen am Eliporto. Dann erbat er sich den „Mattino“ und nahm Karbunkel zur Seite.

„Herr von Karbunkel, Sie wohnen am See. Kennen Sie vielleicht Gustav Bachmeier, den Fitness-Unternehmer?“

Karbunkel sagte, er sei mit Gustl auf das Gymnasium gegangen. Seither habe er ihn nicht mehr gesehen, was auf Karbunkels langen Auslandsaufenthalt zurückzuführen sei. Der Luchs, der wohl erfahren hatte, daß Karbunkel ein hochangesehener, wenn auch inzwischen pensionierter Kollege war, informierte ihn, daß Bachmeier das einzige Nichtbesatzungsmitglied an Bord der „Empire“ war, das man angetroffen habe. Karbunkel revanchierte sich mit der Visitenkarte der „Internationalen Nachforschungen“ und der Bereitschaft, zur Aufklärung beizutragen, falls Spuren an den See führten. „Das könnte durchaus sein“, sagte der Luchs. Ein Treffen der internationalen Freizeitkonzerne habe in Capri stattgefunden und sich mit dem See befaßt. Wie Monday ins Bild passe, wisse er nicht. Auffällig sei, daß drei Konzernvertreter die Insel überstürzt mit dem Hubschrauber verlassen hätten, als die Suche nach Monday an der Marina Grande begann. Dann tauchte der Luchs, so wie er gekommen war, geräuschlos im rückwärtigen Teil des Hotelgartens wieder unter.

Brüssel, Europa und der Sport

Die Spruchbänder über den Einkaufstraßen der belgischen Hauptstadt versprühten Zuversicht: „Euro 2000 vereint Brüssel, Europa und den Sport.“ Wohl fand in Brüssel an diesem Tage keines der Spiele um die Fußball-Europameisterschaft statt, doch stand die Innenstadt ganz im Banne des großen Ereignisses, das zusammen mit der Expo in Hannover, der Olympiade in Sydney und dem Millennium Dome in London das neue Jahrhundert einläuten sollte. Ein Jahrhundert, das nicht, wie das verflossene, im düsteren Schatten von Kriegen und Revolutionen stehen, sondern im völkerverbindenden Dreiklang von Tourismus, Multimedia und Sport allen Menschen dienen werde.

Auf dem prächtigen Grand Place, der Guten Stube der Stadt, wartete ein halbes Dutzend vergitterter Polizeiwagen auf die weniger willkommenen unter den Euro-Touristen. Polizeikräfte hatten ein Karree gebildet – eine Hundestaffel in der Mitte, die offene Seite auf ein Café gerichtet, in dem einige vierschrötige, tätowierte Schlachtenbummler aus Pappbechern Bier schlürften, durch Mützen und Hemden in den Nationalfarben als britische Patrioten ausgewiesen. Um das Karree herum tänzelte eine blondbezopfte Polizistin mit einer Plastiktüte voll weißer Stäbe, die sich bei Bedarf als Handfesseln zurechtbiegen ließen. Die sieben engen Straßen, die ohne jede symmetrische oder perspektivische Ordnung in den Platz einmündeten, waren durch Sperrgitter abgeriegelt und durch Polizeiposten gesichert. Doch der Knall blieb aus. Die Engländer dösten weiter, stimmten nicht einmal ihr schönes Kampflied an: „Hätte es uns nicht gegeben, wärt ihr heute alle Krauts“. Die Polizisten zogen ab. Was war schiefgelaufen? Die unerläßlichen Regisseure der Krawalle, die Kameramänner der Fernsehanstalten, waren gegen Mittag an die Spielstätte der englisch-deutschen Begegnung, Charleroi, geeilt und weigerten sich trotz erregter Handy-Diskussionen umzukehren.

Ein cooler Geschäftsmann mit akademischem Habitus, dessen hellblauer Sommeranzug die Leistungsfähigkeit der New Yorker Konfektion unterstrich, näherte sich einem Sperrgitter. Nach flüchtiger Inspektion seiner auffallenden roten Aktenmappe mit blauem Griff, wurde er durchgewinkt. Er schlenderte über den Platz, betrachtete interessiert das eine oder andere Gebäude und ging schließlich auf eine junge Dame zu, die in einem weißen, hellgrün paspelierten Kostüm vor einem Capuccino saß. Mit gerunzelter Stirn kämpfte sie sich durch eine am Büchertisch der Rathausausstellung „Brüssel und die Freimaurer" erworbene Broschüre. Die sieben durch die einmündenden Straßen getrennten Häuserblocks dem Grand Place seien, was mancherlei Namen, Symbole und Inschriften belegten, streng nach einem alchimistischen Programm erbaut. Sieben Stufen würden nach der Lehre des Nicolas Flamel zum „Stein der Weisen" führen. Das sei der „trockene Weg" im Unterschied zum zwölfstufigen „feuchten Weg". Kein Wunder, daß sich in der Nähe des Platzes sieben Springbrunnen befänden, nicht zwölf. Die siebente Stufe des Initiationsweges bildete das berühmte gotische Rathaus. Stand etwa den Ratsherren von Amts wegen der „Stein der Weisen" zu?

Die Dame im hellgrün paspelierten Kostüm spürte, daß jemand neben ihr stand, schaute auf und stopfte die verwirrende Broschüre in die Handtasche. Einige Worte der Begrüßung, und die beiden neuen Bekannten verließen den Platz durch die „Rue de la Tete d'Or", an der gerade die Sperrgitter weggeräumt wurden. Sie begaben sich zum nahegelegenen Hotel „Amigo", der beliebten Absteige bedeutender Politiker und ebenfalls nicht zu unterschätzender Wirtschaftsbosse. War es der Name des Hotels, der die prominenten Gäste anzog, oder der einstige Stammgast Helmut

Kohl, als großer Europäer und noch größerer Rundum-Duzer unvergessen?

„Sie müssen entschuldigen“ sagte die paspelierte Dame, „wir hatten nicht mit einem Aufmarsch der Brüllaffen gerechnet. Der Fußball hatte sich ja nach Charleroi verzogen. Aber die übereifrige Polizei stoppte wegen einiger läppischer Taschendiebstähle einen Zug mit Fußballfreunden ausgerechnet am Gare du Nord. Sein Inhalt ergoß sich über die Stadt. Doch hatten Sie in Capri nicht auch Unannehmlichkeiten, Mr. Fish?“

„Sie meinen den Zwischenfall vor der Marina Grande, Mrs. Vander Eist?“

„Ist Monday gefunden worden, tot oder lebendig?“

„Keine Ahnung. Wir saßen in einer angenehm duftenden Pergola und feilten an einem Vertrag. Alberto, unser Gastgeber, entspannte sich derweil auf der Hollywood-Schaukel unter einer Pinie und blätterte im ‚Mattino‘. Alberto stieß auf eine klitzekleine Meldung. Monday, an den wir nicht gedacht hatten und dem unser Vertrag nicht gefallen würde, war mit seiner Yacht ‚Empire‘ nach Capri unterwegs. Capri, Sie werden es kennen, ist winzig, man stößt immerzu aufeinander, besonders auf der Piazzetta. Mondays Leibwächter lassen bekanntlich nichts anbrennen. Wir machten uns also eilig aus dem Staub. Erst in Rom hörten wir vom Zwischenfall vor der Marina Grande.“

„Warum so eilig?“

„Das ist nun einmal unsere Firmenphilosophie. Gangs, Parteien, Geheimdiensten gehen wir eiligst aus dem Weg. Nicht etwa aus moralischen Gründen. Es sind Organisationen wie die unsere auch, ab einer gewissen Größe gar Bausteine der globalen Ordnung. Doch haben wir uns entschieden, unsere Ziele nur mit geschäftlichen und gesetzlichen Mitteln zu verfolgen. Abkürzungen sind oft schneller, aber sie sind auch riskanter. Es entsprach Mondays Naturell, den kürzesten, aber nicht unbedingt den legalen Weg zu gehen. Er hat dafür wahrscheinlich mit dem Leben bezahlt."

„Man munkelt, daß Monday mit einem Geheimdienst liiert war. Jedesmal, wenn dieser an einer Ecke der Welt eine großangelegte Operation startete, stak Monday in einer finanziellen Klemme. Geheimdienste brauchen in der Regel mehr Geld, als der Staatshaushalt hergibt. Doch sagen Sie Mr. Fish, kam ihrer Firma Mondays Verschwinden nicht gelegen?"

„Das wird sich erst zeigen. Monday war der Kopf seiner Unternehmen, jetzt fliegen die einzelnen Glieder durch die Gegend."

„... und die Freizeitparks!"

„Sie sagen es. Uns fehlt der Überblick über Mondays Investitionen und Planungen auf diesem Markt. Über wen liefen seine Kontakte? Wer waren seine Geschäftspartner vor Ort? Welche Mittel verwandte er? Können Sie uns helfen? Sie sitzen doch in Brüssel an der Quelle?"

Der Pfeil des Gesprächs hatte ins Schwarze getroffen. Mrs. Vander Eist, die in der Nähe der Rue de la Loi, in der sich ein Euro-Bürokraten-Silo an das andere reiht, ein hübsches kleines Büro betrieb, das Unternehmen der Freizeitparkbranche durch den Brüsseler Subventionsdschungel lotste, kalkulierte in ihrem apart frisierten Köpfchen blitzschnell den Auftrag, der gerade auf sie zurollte. Doch nicht schnell genug, denn im Türrahmen stand eine Gestalt, die alle Blicke auf sich zog. Der mächtige Körper stak in einer rosafarbenen Hose. Die dazugehörige Jacke hing über dem Arm. Das gleichfarbene Seidenhemd zeichnete plastisch mächtige Bizepse ab. Ein nicht endenwollender Wampen quoll über den Hosenbund. Der Zimmerschlüssel wies die Gestalt als Hotelgast aus. Mit dem sich türmenden Lebendgewicht kontrastierten seine überraschende Leichtfüßigkeit und seine flinken schwarzen Augen, die keinen Moment still standen. Durch die offene Tür rauschte ferner Lärm wie eine Brandung, Sirenen, Lautsprecher, klirrendes Glas und dumpfes Grölen. Der Hotelgast in Rosa kam direkt vom Schauplatz, ein Bote der Schlacht. Englische Fans, berichtete er mit einer seltsam hohen Stimme, hätten sich vor einem irischen Pub am Boulevard Anspach gegenüber der Börse gesammelt. Während andere Kneipen das dünnstmögliche Bier in Pappbechern ausschenkten, verweigerte das irische Pub alkoholische Samariterdienste. Ein Schild „closed" hing an der Tür. Die Fußballfreunde begannen, ebenso beleidigt wie durstig, das Lokal zu zerlegen, was wiederum die Polizei auf den Plan rief. Mit Wasserwerfern trieb sie die Rowdies in eine Seitenstraße. Die aufgebrachten Fußballfreunde rannten die Rue Van Praet in Richtung auf den Stadtkanal hinunter, eine Schneise der Zerstörung hinter sich lassend. Der Hotelgast in Rosa zuckte mit den Achseln: „Wenn man die Fußballfans wie Tiere behandelt, benehmen sie sich auch wie Tiere." Er drehte sich um und ging leichtfüßig in die Hotelhalle. Auch Mrs. Vander Elst erhob sich, sie müsse zum Portier wegen einer Nachricht, nur eine Minute. Mr. Fish blickte ihr nach, seine Augen hingen an den reizvollen Umrissen ihrer Figur, da bemerkte er einen Spiegel. Er sah, wie Mrs. Vander Elst aus ihrer Handtasche ein Kuvert nahm und nicht etwa dem Portier, sondern dem Hotelgast in Rosa übergab, dem sie etwas zutuschelte. Noch ehe eine Minute verstrichen war, saß sie wieder auf ihrem Platz.

„Sehen Sie Mr. Fish, dies ist eine Karte von Süddeutschland. Die farbigen Punkte bezeichnen bestehende Freizeitparks, Spaßbäder, Messen, Sportstadien, die Kreise geplante oder im Bau befindliche. Die Größe der Punkte und Kreise hängt von der jährlichen Besucherzahl ab."

„Und die Nummern?"

„Verweisen auf eine Computerliste. Die jeweiligen Investoren, ihre lokalen Partner, finanzielle und politische Verflechtungen. Immer auf dem neuesten Stand. Wir geben die Liste nicht aus der Hand."

„Keine Ausnahme?"

„Wenn Sie uns den Auftrag geben zu recherchieren, ist es etwas anders. Bei Brüsseler Subventionen arbeiten wir für ein Erfolgshonorar, unsere Kanäle geben wir nicht preis. Bei Recherchen berechnen wir ein Fixum, über die gewonnenen Erkenntnisse können Sie frei verfügen."

„Wie Sie wissen, ist unsere Gruppe derzeit stark am See interessiert. Was hat der blaue Kreis nahe der Isar, aber auch nicht weit vom See, zu bedeuten?"

„Das ist ein geplanter Freizeitpark. 800.000 Besucher jährlich, zwei Hotels, virtuelle und Life-Unterhaltung, Gastronomie und Erotik-Shows rund um die Uhr. Der Name ‚Euro-City' ist subventionsschwanger. Als Investor wird LandMark, eines der weltweit führenden Freizeitunternehmen genannt, saudiarabisches Eigentum. Die Besitzerin des vorgesehenen Geländes verzichtete plötzlich auf das Raumordnungsverfahren. Kurz darauf schaltete sich die Politik ein und sagte die Verlängerung der S-Bahn in der Richtung des geplanten Freizeitparks zu. Fertigstellung 2005. Wir lassen vorsichtshalber den Kreis stehen, falls später das Projekt neu aufgerollt wird."

„Monday hätte dieses Objekt gefallen."

„So angenehm unser Gespräch ist, Mr. Fish, die Uhr schreitet fort. Ich darf Sie doch zum Abendflug nach München auf den Flugplatz fahren?"

„Aber gern. Zur Erteilung des Auftrags werde ich am Mittwoch wieder in Brüssel sein, nachdem ich mich am See etwas umgeschaut habe."

Mr. Fish mußte sich wohl oder übel fügen. Statt mit der bequemen Stadtbahn, dem City Airport Express, pünktlich und ausgeruht den Flughafen Zaventem zu erreichen, würde er im dichten Berufsverkehr stecken und alle paar Minuten auf die Uhr schauen. Nach dem verdächtigen *Tête-à-tête*

Am Ostufer des Starnberger Sees

Mrs. Vander Elsts mit dem rosa Fleischberg und der verschwiegenen Übergabe eines nicht minder verdächtigen Kuverts hielt es Fish für angebracht, der paspelierten Dame den Eindruck zu vermitteln, daß er ihr in jeder Lebenssituation arglos vertraue. Wie auf ein Signal hin setzte sich nach Büroschluß ganz Brüssel, wenn nicht Hauptstadt so doch Wasserkopf Europas, in Bewegung, die europäischen Beamten, Lobbyisten, Geschäftsleute. Sie alle strebten zu ihrem trauten Heim im zersiedelten Umland, die einen, um die TV-Übertragung eines Fußballspieles oder den Auftritt ihres Lieblingsmoderators nicht zu versäumen, die anderen, um sich bei der Gartenarbeit, einer Tennispartie oder in der Badewanne zu entspannen. 300.000 Pendler wurden in der Millionenstadt täglich gezählt. Nach ihrem Exodus war die City den Türken, Marokkanern und Kongolesen überlassen. Mit 40 Prozent Immigranten konnte Brüssel sich brüsten, auf dem leuchtenden Pfad den übrigen europäischen Städten in die multikulturelle Zukunft voranzuschreiten.

Fish erreichte schweißgebadet und keine Minute zu früh Zaventem und besaß nun einen guten Grund, sich in aller Eile von Mrs. Vander Elst zu verabschieden. Er passierte die Sperren und trabte zum Gate in der Abflugshalle. München war noch nicht aufgerufen. Fish holte sich eine Zeitung aus dem Ständer, als eine auffällige Gestalt mit einem aus dem rosa Sommeranzug quellenden Wampen die Blicke auf sich zog. Fish drückte sich in eine Ecke und verschwand hinter der ausgebreiteten Nummer von „Le Soir“, die die Leser mit einem aktuellen Kriegsbericht erschreckte: „Les hooligans anglais ont envahi Bruxelles!“. Als der Abflug nach München auf unbestimmte Zeit verschoben wurde, flutete eine Welle der Unruhe und des Unmuts durch den Warteraum. Immer mehr Fluggäste zogen es vor umzubuchen. Fish kalkulierte, daß der Fleischberg, der in ständiger Bewegung war, nicht die Geduld aufbringen würde, zu bleiben. Er verrechnete sich. Nach anderthalb Stunden war es plötzlich soweit. Die Fluggäste stürmten zum vorderen Einstieg und dann in einer scharfen Rechtskurve zum hinteren. Sie stießen einander das Handgepäck in den Rücken und den Ellbogen in die Flanke, fletschten aufgeregt die Zähne. An der vorderen Tür war ein technischer Fehler bemerkt und schnell behoben worden. Doch der Start wurde erst nach langen Verhandlungen freigegeben. Die Tür blieb verschlossen und die vorderen Sitzreihen geräumt. Als Fish auf seinen Fensterplatz zusteuerte, prallte er zurück. Auf seinem Platz hockte der Fleischberg. Dem unwiderstehlichen Charme einer Stewardess gelang es endlich, ihm seinen Platz wiederzubeschaffen. Kaum hatte Fish aufatmend seinen Sicherheitsgurt geschlossen, verstaute sich der Rosafarbene auf dem Nachbarsitz. Fish saß unrettbar in der Falle:

„Ein Pfundshotel, das Amigo, nicht wahr?"

„Hmm"

„Freilich muß man sich auskennen. Die Wände haben Ohren und hinter jedem Spiegel steckt eine Wanze. Das ist nicht jedermanns Sache."

„Hmm"

„Wer es in Brüssel eilig hat und alle Termine unter einen Hut bringen will, ist im überaus zentralen Amigo bestens aufgehoben, falls er gut auf sich aufpaßt."

„Hmm"

„Kommen Sie öfter nach Brüssel, geschäftlich vielleicht?" Fish unterdrückte einen Hustenanfall.

„Na ja, was sonst. Brüssel ist kein Ort für Flitterwochen. Beamte, Lobbyisten, Geschäftsleute, der Tanz um die Subventionstöpfe, Sitzungen, Absprachen, und dann nichts wie weg."

Fish ließ sein Taschentuch noch immer nicht los.

„Wenn man sich jedoch für das boomende Geschäft mit der Freizeit interessiert, sollte man Mini Europe besuchen. Es befindet sich in der Nähe des Atomiums, Brüssels zweitem, moderneren Wahrzeichen neben dem Manneken Pis. Mini Europe läßt den Besucher auf die im Maßstab 1:25 nachgebildeten wichtigsten europäischen Kulturdenkmäler herabschauen wie Gulliver auf die Liliputaner: auf den Dom zu Speyer und die Wieskirche, den Schiefen Turm zu Pisa und den Vesuv. Durch Knopfdruck können sie die Berliner Mauer einstürzen lassen. Keine Angst, sie baut sich von selbst wieder auf."

„Hmm"

„Dieser kunsthistorische Themenpark auf nur zwei Hektar ist ein Vorläufer der Kathedralen des 21. Jahrhunderts, die derzeit überall wie Pilze nach dem Regen aus dem Boden schießen: Freizeitparks, Themenparks, Erlebniswelten, Disneyland, Legoland, Glaspaläste, Autostädte, Vergnügungsoasen. In diesen Kathedralen lebt der Glauben an die Erfahrbarkeit der Transzendenz hier und heute. Gegen Eintritt natürlich. Zwölf Prozent des deutschen Bruttosozialproduktes werden derzeit in der Freizeit erwirtschaftet."

„Hmm"

„Freizeiteinhegung ist das Schlüsselprojekt des neuen Jahrhunderts. Große Mischkonzerne widmen sich dieser gewaltigen Aufgabe. Sie entziehen sich notwendig jeder staatlichen Kontrolle, stimmen sich untereinander ab und besitzen ihre eigenen ungeschriebenen Gesetze. Geld allein tut es nicht. Zugang wird kontrolliert, denn Ordnung muß sein. Zugang kann man weder kaufen noch erzwingen. Wer es dennoch versucht, bezahlt mit dem Leben."

Fish lag ein „wie bitte?" auf der Zunge, doch der Aufruf sich wieder anzuschnallen und die Rückenlehnen hochzustellen, setzte dem Gespräch ein Ende.

In der Wildererstube

Der Gasthof „Zum alten Jägerwirt“ in der Kreisstadt hatte bessere Tage gesehen. Seit Kriegsende war das grün gestrichene Gebäude in einer engen Gasse nahe der Pfarrkirche nicht mehr renoviert worden. Ausreichende Parkmöglichkeiten fehlten, von einer Erwähnung in Gourmet- oder wenigstens Wanderführern ganz zu schweigen. Der Jägerwirt galt trotzdem als Geheimtip – wegen der Wildererstube. Dieser holzgetäfelte, mit Geweihen und ausgestopften Raubvögeln dekorierte Raum und ein als Garderobe dienendes Vestibül besaßen ihren eigenen Eingang. Wollte man, aus welchen Gründen auch immer, unter sich sein, so gab es hierfür weit und breit keinen besseren Platz.

Aus dem peitschenden Regen, der immer wieder durch Windböen angetrieben wurde, schoben sich Gäste mit hochgeschlagenen Krägen in das Vestibül. In der Garderobe stapelten sich Lodenmäntel und Trachtenhüte mit und ohne Gamsbart. Die Gäste kannten sich, gehörten sie doch zu einer Gruppe, die sich intern „die Organisation“ nannte, nach außen jedoch unter dem Namen „Tourismus – unsere Zukunft e.V.“ firmierte. Ein erregtes Gemurmel empfing die Eintretenden.

„Ein solcher Saumist.“

„Das hält ja der Kopf nicht aus.“

„Wie stehen wir jetzt da?“

„Du siehst ja, was passiert, wenn deine Partei keine Position bezieht und glaubt, das Kind so schaukeln zu können.“

„Gleckauer hat in einer Presseerklärung seine grenzenlose Enttäuschung verlautbart. Für uns ist er nicht mehr zu sprechen, Schadenersatzforderungen stehen ins Haus.“

„Saumist mistiger.“

Ein Tablett mit Bierkrügen wurde hereingetragen. Die Gäste setzten sich um den runden Tisch und starrten auf die Schaumkronen. Vielleicht ließ sich so die Zukunft enträtseln. Ein Nervenschwacher begann zu schluchzen, seine Karriere sei in Gefahr. Ein anderer sah gar grüne Männlein sich an den Gardinen herunterlassen. Das durfte so nicht weitergehen. Max Krempel, ein gestandener Politiker, ledernes Schlachtroß zahlreicher Wahlkämpfe, trat dazwischen:

„Behalten wir um Gottes Willen den Kopf. Am Resultat des Bürgerentscheids gibt's nichts zu deuteln, doch morgen ist ein neuer Tag. Wir werden eine Expertise einholen, warum die Bürger gegen das Großprojekt eines Tagungshotels stimmten, das wegen seines innovativen Health-, Wellness- und Fitness-Bereichs überregionale Zustimmung gefunden hat. Die Tourismuswissenschaft, zusammen mit der Meinungsforschung, wird exakt bestimmen, welche Faktoren zu der Fehlentscheidung der Bevölkerung geführt haben. Die Lage analysieren, dann aber nach vorne blicken, um mit fester Hand zu verhindern, daß sich so etwas noch einmal wiederholt. Die Expertise liegt im öffentlichen Interesse, die Kreisstadt wird sie finanzieren. Wann können wir mit dem Gutachten rechnen?"

„Das hängt vom Arbeitsaufwand ab. Über den Daumen gepeilt brauchen wir vier Monate."

„Gut, dann werden wir in vier Monaten unsere Schlüsse ziehen können. Bis dahin keine Schuldzuweisungen, keine Vergangenheitsbewältigung aus dem hohlen Bauch. Alles andere würde unsere Organisation sprengen. Nur sie besitzt den Schlüssel zur Zukunft unserer Stadt."

Unverwandt in die Schaumkronen blickend, ließen sich die Anwesenden alles noch einmal durch den Kopf gehen. Die Sturmböen rannten gegen die Fassade des Gasthofs an und schütteten das Wasser kübelweise auf die Fenster. Aus dem monotonen Heulen des Windes lösten sich scharfe

Pfiffe, Speerspitzen einer blindwütigen Aggression. In der Wildererstube achtete niemand mehr auf das Spektakel. Die plötzlich entstandene Panik war gewichen, Überlegung an die Stelle der Angst getreten. Die Bruderkette, fast schon gerissen, umschlang die Versammelten, die der schöne Götterfunke der Freude einte. Das Ziel, das große und gemeinsame, würde auch das Schicksal jedes Einzelnen zum Guten, oder zumindest zum Vorteilhaften, wenden.

Genauer betrachtet war der Schaden gar nicht so groß. Der Bürgerentscheid hatte das geplante Tagungshotel mit seinem überregional beachteten innovativen Health-, Wellness- und Fitnessbereich schnöde gekippt. Doch wartete nun das baureife Grundstück, eine sich zum See neigende Wiese, auf ein neues Konzept. Wäre „Betreutes Wohnen" nicht eine passable Lösung? Feindliche Stimmen würden verstummen, ist doch Wohnen weit sozialer als Tagen. Das neue Konzept könne sich als Mosaikstein in das große Vorhaben einfügen. Die Kreisstadt, ein immer weiter zurückfallendes Relikt aus den vergangenen ländlich-gewerblich-industriellen anderthalb Jahrhunderten, würde als hyper- bzw. postmoderne Kur-, Kultur- und Erlebnisstadt wiedererstehen, fit für das neue Jahrhundert, wenn nicht gar Jahrtausend.

Die Kreisstadt müsse, hatte die Organisation einmütig beschlossen, sich ganz auf den Tourismus konzentrieren. Nur so werde der Anschluß an das Wachstum gefunden. In welches Nest der Tourismus seine goldenen Eier legt, wäre sorgfältig zu prüfen. Lebensstile, Erwartungen und Ansprüche, nicht zuletzt das Zahlungsvermögen der einzelnen Zielgruppen klaffen erwiesenermaßen weit auseinander. In einem Safe der Kreissparkasse lag ein Kuvert mit der Aufschrift „Tourismus – unsere Zukunft", so gut verwahrt wie die Herstellungsformel eines neuen Haarwuchsmittels. Im Kuvert steckte eine Expertise, die detaillierte Beschreibung einer der Tourismusforschung bislang unbekannten Zielgruppe.

Im westlichen Wohlstandsgürtel, vor allem den USA, gibt es einzelne unabhängige Geschäftsleute, die weitab von jeder geschmeidigen Anpassung an den „liberalen" Zeitgeist und seine Einflußgruppen in rauhem Individualismus unbeirrt zur Sache kommen. Business is business is business. In einer Zeit, wo Global-Players und weltweit notorische Währungsspekulanten am laufenden Band philanthropische Institute gründen, um als Gutmenschen den Völkern nicht nur in die Tasche, sondern auch in die Hirne zu greifen, gelten solche Nur-Geschäftsleute als borniert, „Rogue elephants", Börsenguerilleros oder gar als Gefahr für die multikulturelle Gesellschaft und ihre Political Correctness, kurzum als Schurken. Wer allein stehen und unabhängig handeln will, muß daher über viel Geld verfügen, sagen wir mal eine Milliarde Dollar. Wofür geben diese „Schurken" ihr Geld aus, wenn sie aus der Vita activa ausscheiden? Das hätten die Tourismusforscher fragen können. Doch von Hollywood genarrt, glaubten sie lieber dem Klischee, daß schurkische Geschäftsleute sich im Ruhestand in festungsartige Landsitze inmitten riesiger Areale zurückziehen, um sich am Swimmingpool von langhaarigen Blondinen die Fußsohlen kitzeln zu lassen, bis eines Tages Inspektor Columbo im Trenchcoat mit vielen Entschuldigungen hereinstolpert und sie vor das Schwurgericht zerrt.

Die im Safe der Kreissparkasse verwahrte Expertise hatte etwas ganz anderes herausgefunden. Die „Schurken" besäßen auch im Alter noch so viel Energie und Unabhängigkeit, daß sie ein zweites Leben begännen, um sich einem völlig neuen Feld zuzuwenden, der Kunst, der Philosophie, der Geschichte, der Religion.

Die neue Kur-, Kultur- und Erlebnisstadt solle für eben diese Zielgruppe geplant, gebaut und betrieben werden. Nicht nur nobelpreisverdächtige Herzspezialisten, private

Sicherheitsdienste und Fünf-Sterne-Köche würden vor Ort sein, sondern auch Bibliothekare, Ghost-Writer und Gurus. Arbeitsplätze entstünden en masse. Nur müßten die Rädchen ineinandergreifen, die Organisation alle Abläufe überwachen. Der Verein „Tourismus – unsere Zukunft" werde jährlich TuZ-Plaketten ausgeben. Qualität und Zuverlässigkeit sollten nach strengen Maßstäben überprüft werden. Plakettenlose erhielten den deutlichen Wink zu verschwinden. Phantasie und Vertrauen sind die beiden Triebfedern, die den Touristen seine Wahl treffen lassen. Die Organisation wußte es und wollte diese Triebfedern hegen und pflegen.

Die Bedienung, der man anmerkte, daß das Dirndl ihr Alltagsgewand war und nicht eine fremdenverkehrsfördernde Verkleidung à la Bavière, trug ein neues Tablett mit Bierkrügen in die Wildererstube. Das Stimmungsbarometer stieg und hatte inzwischen die Marke Ausgelassenheit erreicht. Ein Immobilienmakler, die „Graue Eminenz" des Grundstücksmarktes im Voralpenland, nahm eine Zither aus dem Futteral, die Versammelten stimmten ein in das Lied vom Wildschützen Jennerwein.

Max Krempel, ledernes Schlachtroß zahlreicher Wahlkämpfe, merkte, daß es Zeit war einzugreifen, dieses Mal allerdings um die Stimmung zu dämpfen: „Lassen wir das geplatzte Tagungshotel zur Seite und kommen wir zu Wichtigerem. Wir haben keine Zeit zu verlieren, wenn wir unser Konzept durchziehen wollen. Die Chance ist da, doch glaubt mir, die Tür zur Realisierung wird nicht lange offen stehen. Vor drei Monaten tauchten Giganten des internationalen Freizeitmarktes in unserem kleinen, dichtbevölkerten Landstrich auf, Amerikaner, Japaner, Saudi-Araber. Das ihnen zur Verfügung stehende Kapital ist gewaltig. Doch sie kennen die örtlichen Gegebenheiten nicht und haben zudem von bürokratischen Barrieren, sozialen und ökologischen Bedenken, auch von zeitraubenden parteipolitischen

Winkelzügen gehört. Ihre Investitionen werden erst erfolgen, wenn alle Hindernisse beseitigt sind und grünes Licht für die Inbetriebnahme zum vorgesehenen Zeitpunkt gegeben wurde. Wir werden also Planungen und Genehmigungsverfahren vorantreiben, müssen uns aber währenddessen schon für einen der drei, vier stärksten Investoren entscheiden. Aufteilungskämpfe des Freizeitmarktes werden früher da sein als wir wünschen, und wir wollen nicht durch zögerliches Vorgehen am Ende zwischen den Stühlen sitzen."

„Hat es nicht bereits Kontakte gegeben?"

„Das schon, doch von einer Verhandlung kann man nicht reden. Wir haben bei einer amerikanischen Gruppe angeklopft. Sie zeigte Anfangsinteresse. Doch ist wohl etwas dazwischen gekommen. Es könnte mit dem Verschwinden des englischen Medienmoguls vor Capri zu tun haben."

„Haben sich die Amerikaner wieder gemeldet?"

„Nein, aber das gibt uns etwas Zeit. Wir müssen vermeiden, daß unsere Zielgruppe, unsere Trumpfkarte, den Amerikanern zu früh bekannt wird. Es könnte sein, daß sie sich an den ‚Schurken' reiben. Wir sollten unser Projekt als Themenpark besonderer Art, als ‚Erlebnisstadt' vorstellen. Dazu gehört vor allem ein durchschlagendes Motto."

„Das haben wir: Ludwigland! Disneyland, Legoland, Euroland; Ludwigland – das paßt."

Und wie 50 Prozent der amerikanischen Touristen identifizieren Deutschland mit Ludwig, Schlössern, Romantik."

„Sicher ist Ludwig unser. Doch schützt uns das nicht vor Wegelagerern. Bayerns Finanzminister hat mit dem Werbedreiklang ‚Laptop, Ludwig, Lederhose' den Kini bereits für die Staatskasse reklamiert."

„Der will doch nur die Schlösser für Geschäftsessen öffnen."

„Gefährlicher ist das Musicaltheater im Forggensee mit Blick auf Neuschwanstein, das professionell als touristisches Großereignis unter dem Motto ‚The mad king is back again' weltweit vermarktet wird und mit allerlei Events weit in das Land ausstrahlt."

„Auf allen Litfassäulen prangt Ludwig in großer Uniform mit gelbem Schutzhelm: ‚Er baut wieder' – leider nicht bei uns."

„Wir werden kämpfen, kämpfen, kämpfen. Zwischen einem Ludwig-Event mit Verfallsdatum und der dauerhaften Bindung einer Erlebnisstadt an das hohe Patronat des Königs, der unter Touristen bekannter ist als jeder Heilige, gibt es einen Unterschied."

Im Vestibül war es inzwischen laut geworden. Ein Nachzügler kam laut prustend herein, muskelbepackt, aber keineswegs wetterfest.

„Grüß dich, Gustl, bist du aber naß."

„Wir haben dich vermißt."

„Setz dich und erzähl."

„Ich war in Capri. Da ich Zeuge des Verschwindens des Medienmoguls Monday war, habe ich mich für einige Tage der italienischen Polizei zur Verfügung gestellt. Die tappte bis zu meiner Abreise noch im Dunkeln. Doch habe ich neue Informationen über die Freizeitinvestoren. Damit ändert sich das ganze Tableau. Ich warte noch auf einige Abklärungen und werde in einer Woche berichten."

„Gut, wir werden uns heute in einer Woche zur gleichen Zeit am gleichen Ort wieder treffen."

„Noch eine erfreuliche Neuigkeit! Für einen privaten Mäzen wird derzeit eine zehn Tonnen schwere und 2,36 Meter hohe Ludwigsglocke gegossen, mit dem Bild und einer Biographie des Königs und seinen denkwürdigen Aussprüchen. Sie wird das neue Jahrtausend über unserem See einläuten. Es wird das Jahrtausend Ludwigs sein."

Aus dem allgemeinen Stimmengewirr stach der begeisterte Ruf hervor:

„Bravo! Bravo! Damit ist Ludwig unser!"

Die Anwesenden erhoben sich, reichten sich die Hände und stimmten das Ludwigs-Lied an:

„Auf den Bergen wohnt die Freiheit,
auf den Bergen ist es schön,
wo des Königs Ludwigs Zweiten
alle seine Schlösser stehen.“

Mit dem Stilett zum Bismarckturm

Zwischen zwei in der Eiszeit gegrabenen Senken, dem Flußtal von Isar und Loisach im Osten und dem See im Westen, liegt ein reizvoller Höhenrücken, ein bunter, welliger Teppich aus Wiesen und Wäldern, Dörfern und verstreuten Höfen, Weihern und malerischen Kuppen, die ein Kapellchen hier, ein freistehender Laubbaum dort krönt. „Besenbinderlandkreis" sagten die Leute spöttisch, als in den Filzen noch Torf gestochen wurde. Mittlerweile hat die neue Zeit auch in diesem Landstrich ihren Einzug gehalten, was Gewerbegebiete, Müllkippen, Kiesgruben und Sportplätze deutlich machen.

Wo das von Gletscherzungen aus den Alpen mitgeschleppte Geröll liegen blieb, entstanden Moränenwälle. Am westlichen Rand des Höhenrückens trennen Moränen die Ortschaften in zwei Teile, einen oberen und einen unteren. Stärker noch als die topographische ist die soziologische Scheidung. Oben blieben die zum Teil sehr alten Dörfer mit ihren Kirchen, Wirtshäusern und Einkaufsstätten für den täglichen Bedarf erhalten. Unten jedoch war der Wandel stärker. Einst standen am Seeufer einige Hofmarkschlösser und eine Handvoll Fischerhäuser, die sich seit Mitte des 19. Jahrhunderts und der Aufnahme des Dampferverkehrs mit neuen Villen und Feriendomizilen zu stärker verdichteten Ortschaften verbanden. Heute versprechen die Schilder der Bauträger exklusives, einmaliges, ja edles Wohnen. Offener Seeblick, große Garagen und Schwimmhallen gehören zur Mindestausstattung. Dafür sind die Läden, Gärtnereien und Pensionen nach und nach verschwunden. Villenkultur pur. Doch treiben die Grundstückspreise auch die Ansprüche in die Höhe, denn wer wollte aus seinem teueren Besitztum nicht noch das Letzte herausholen.

Optimale Nutzung macht nervös, und die neuen Bewohner des Seeufers erwiesen sich als so sprunghaft wie es das Kapital eh und je gewesen ist. Gefiel ihnen eines Tages das Klima, der Lebens(abschnitts)partner oder der Nachbar nicht mehr, machten sie sich wieder auf den Weg. Eine Adresse auf Mallorca, in Florida oder an der Côte d'Azur bleibt zurück, den Rest regeln routinierte Anwälte und Makler. Aus der Kulturlandschaft, die von dem besonderen Schlag der Bewohner geprägt wurde und umgekehrt auch diese Bewohner prägte, wurde ein Playground Prominenter, ein Objekt der Immobilienspekulation.

Oberhalb des Moränenhanges führt eine Kreisstraße von Dorf zu Dorf. Stichstraßen zweigen zum See ab. Vor einem ehemaligen Hotel, in den opulenten Jahren vor dem Ersten Weltkrieg ein stolzer römischer Barockpalast „mit Alpenblick“ und einer eigenen Drahtseilbahn auf Schienen, die die Gäste in zehn Minuten zum Dampfersteg brachte, weist ein Schild den Weg zum Bismarckturm. Nach einigen Minuten verläßt der Autofahrer noch oberhalb des Moränenhanges auf einem „Wanderparkplatz“ sein Gefährt. Ein Schild verkündet, daß es sich bei dem anschließenden Parkgelände um Privateigentum der Landeshauptstadt handele. Nächtigen, Feuermachen, Musizieren, Verzehren von Mahlzeiten und Feilbieten von Waren sei ebenso streng untersagt wie das Schieben von Kraftfahrzeugen und das Verunreinigen des Rasens.

Mitten in der Parkanlage – teils eingezäunte Pferdekoppeln, teils offene Wiesen, Baum- und Buschränder und reichlich Ruhebänke – steht ein massives, aber nicht erdrückendes, trotz seiner Größe festlich-heiter gestimmtes Denkmal, der Bismarckturm. Von allen vier Seiten führen Freitreppen hinauf zu überdachten Loggien. Auf dem Unterbau erhebt sich ein viereckiger, reliefgeschmückter Turm, an dessen Spitze auf einer Metallkugel ein steinerner Adler seine Schwingen ausbreitet und in die Lande blickt.

Nicht allen fällt auf, daß der Adler nicht nach Westen zum See blickt, in dem König Ludwig (nach amtlicher Darstellung) ein trauriges Ende fand, sondern unverwandt nach Norden, bis zum Schloß Friedrichsruh, wo „der Zwietracht eiserner Erwürger, des Deutschen Reiches Ehrenbürger" seit seiner Entlassung durch Kaiser Wilhelm II. heftig grollte oder gegrollt hatte, denn im Jahre der Denkmalseinweihung war der ehemalige Reichskanzler gestorben.

Der Bismarckturm war als Mittelpunkt eines Festplatzes gedacht, zu dem moderne Wallfahrer, Bürger der Residenzstadt vor allem, zunächst mit der Eisenbahn, dann mit dem Dampfer, schließlich mit der Seilbahn und die letzten hundert Meter gar zu Fuß hinaufpilgerten, um dem großen Kanzler und seinem Werk, der deutschen Einheit, zu huldigen. Beim Eintreffen der Festgäste krachten Böller, erschallten Hurrarufe und erklang aus 200 Sängerkehlen eine eigens komponierte Hymne. Verärgert schauten die Bauern aus dem näheren Umkreis auf das Spektakel. Waren es nicht Bismarcks Schergen gewesen, die den Kini „einigestessn" hatten? Die Bauern steckten mit dem Pfarrherrn die Köpfe zusammen. Das Denkmalskomitee unter dem Malerfürsten Lenbach und dem Bürgermeister von Wiedemayer wurde aufmerksam, denn schließlich waren die Bauern in Schützenvereinen organisiert und die Geistlichkeit jederzeit bereit, Protestanten ein Bein zu stellen. Das Komitee ging auf Nummer sicher. Die Residenzstadt erwarb den grünen Aussichtsbalkon auf dem See, auf dem das Denkmal stehen sollte, eine schwarz-weiß-rote Enklave mitten im weiß-blauen Land.

Ein Jahrhundert voller Irrungen und Wirrungen war vorübergezogen. Der grüne Balkon über dem See war noch immer in städtischer Hand. Der Buchenwald am Steilhang war kräftig gewachsen und hatte die Aussicht auf den See weitgehend verdeckt. An die Seilbahn erinnerte nur noch die Trasse, von der man die Schienen entfernt hatte. Den begeisterten Fahnenschwingern und Hurrarufern waren die Stillen im Lande gefolgt, die in der Natur mit sich zu Rate gehen wollten. Wußte nicht die erste Beschreibung des Sees aus dem Jahre 1784 zu berichten: „Ein süßer Schauer des Vergnügens hebt das Herz des Stadtbewohners, und mit jedem Blick fühlt er sich leichter, und fühlt aus seiner Seele die Sorge weichen".

Der trübe, wolkenverhangene Tag im Oktober war wenig geeignet, Besuchern des Parkgeländes das Herz zu heben. Melancholisch tropfte es von den Bäumen und Büschen, an den Schuhen haftete dicker Batz. Durch das abgesperrte Parkgelände schoben sich Polizisten, undeutliche grüne Schemen in den Nebelschwaden. Nach den Vorschriften für die kriminalistische Tatortarbeit gingen sie am Wanderparkplatz sektoral, auf den Wiesen diagonal und im Umkreis der Leiche zentrifugal vor. Durch das Dach der Loggia vor dem Regen geschützt stand Kriminalhauptkommissar Blasius Wackerl auf dem Unterbau des Denkmals, hinter sich ein Klapptisch mit einigen Papieren, einem Diktiergerät und einer Thermosflasche. Von seinem Standort konnte Wackerl die sektoral, diagonal und zentrifugal vorgehenden Polizisten ebenso ins Auge fassen wie die Männer, die sich vor einer Holzhütte am Waldrand unter einem Zeltdach um eine Leiche bemühten, den Polizeiarzt, den Photographen, Spezialisten vom Erkennungsdienst.

Als Wackerl sich umdrehte, sah er vom Wanderparkplatz einen älteren Herrn im Lodenmantel und mit Gummistiefeln auf das Denkmal zustapfen.

„Schaut mal, Tassilo Haferl persönlich! Er hat's ja nicht weit. Unser alter Chef wohnt unten an der Straße am See bei seiner Tochter. Deren Mann, seines Zeichens Generaldirektor der Explo AG, ist häufig auf Geschäftsreisen und besitzt zudem eine hübsche Wohnung in Schwabing, um abends noch Termine wahrnehmen zu können, die sich dann häufig bis zum frühen Morgen hinziehen. Seine Frau bestand darauf, daß die Kinder in der unvergleichlichen Atmosphäre am See aufwachsen. So sieht Haferl im männerlosen Haushalt nach dem Rechten. Ob es Haferls Enkeln wirklich bekommt, wenn sie hinter einer unsichtbaren Mauer leben, in Klingsors Zaubergarten möchte ich sagen? ... Grüß Gott, Herr Präsident. Es ist schön von Ihnen, daß Sie zu uns kommen. Wir stehen arg unter Zeitdruck und brauchen Ihre Hilfe dringend."

„Aber, lieber Wackerl, ich bin es, der zu danken hat. Für einen alten Polizeimann ist es wie ein Jungbrunnen, wenn er wieder einmal am Tatort aufkreuzen kann. Doch schnell zum Fall. Wie steht es mit den sieben goldenen W's der Kriminalistik: wann, wo, wer, was, wie, womit, warum?"

„Uns brennt das ‚wo' auf den Nägeln. Wir sind gezwungen, ganz schnell zu agieren. Da ist das Denkmal, seine Inschriften, seine Vorgeschichte, das Relief mit der Germania, die ihren Mantel über die vier deutschen Stämme breitet. Bekommt die Presse Wind, meldet sich prompt ein Zeuge, der gehört haben will, daß jemand gesehen hat, wie Skinheads in verfassungsfeindlicher Absicht um das Denkmal schlichen. Peng, schon steht ein Politiker vor der Kamera, der seine tiefe Betroffenheit bekundet und sofortige rücksichtslose Aufklärung fordert. Eine Sonderkommission wird gebildet, der Generalbundesanwalt eingeschaltet, die Weltöffentlichkeit alarmiert. Der Fall ist uns entglitten. Wir müssen daher schnellstmöglich das ‚wo' klären und dem Tatort einen Namen geben. Also auf keinen Fall ‚Mord am Bismarckturm', sondern ‚am Wanderparkplatz', ‚unter der alten Buche', ‚bei der verlassenen Hütte' oder sonstwas. Wir, die wir gewohnt sind, gründlich zu arbeiten, müssen einen Wettlauf mit der Presse bestehen, die gewohnt ist, schnell statt gründlich zu arbeiten. An der Holzhütte ist übrigens ein Blechschild befestigt: ‚Vorsicht, herzhafte Katze'. Vielleicht bringt uns das weiter."

„Wo könnte der Tote ums Leben gekommen sein? Am Waldrand vor der Holzhütte? Und wann war es?“

„Über den Zeitpunkt wird der Arzt gleich etwas zu sagen haben. Um Viertel vor drei rief uns ein Jogger auf seinem Handy an. Er habe, als es stärker zu regnen begann, sich unter das Vordach der Hütte stellen wollen. Dabei sei er über einen merkwürdig geformten Haufen unter einer blauen Plastikfolie gestolpert. Aus Neugier habe er unter die Folie geblickt. Fünfzehn Minuten später war ein Streifenwagen zur Stelle.“

„Ein Stapel blauer Folien liegt hinter uns in der Ecke.“

„Am Denkmal werden Reparaturen vorgenommen, daher der Bauzaun, das Schild der Baufirma und die Folien, die zum Abspritzen dienen. Doch der Steinmetz hat sich am Dienstag krankgemeldet. Die Arbeit ist seither unterbrochen.“

„Wie gelangte die Folie zur Hütte?“

„Mit einem Kraftfahrzeug keinesfalls. Es gibt keine Zufahrt. Die Reifenspuren führen nur bis zum Wanderparkplatz. Der Tote kann auch nicht in der Folie zur Hütte gebracht worden sein. Das hätte bei seinem Gewicht zu tiefen Fußspuren geführt. Bleibt die Möglichkeit, daß die Folie im Zusammenhang mit dem Tod zur Hütte gebracht wurde oder sich dort schon einige Zeit befand. Wenn z.B. Picknicker auf ihr ihre Mahlzeit ausbreiten wollten.“

„Von wo ist der Tote gekommen oder gebracht worden?“

„Die Fußspuren werden es zeigen. Da gibt es den Weg vom Wanderparkplatz zur Holzhütte. Hinter der Holzhütte stehen Zäune. Der dicht bewaldete Steilhang gehört zu den Villen am Seeufer. Da der Boden unter den Bäumen nicht so weich ist und Spürhunde beim Regen nicht eingesetzt werden können, wäre ein Zugang von dieser Seite möglich. Dann gibt es noch im Norden den Schluchtweg und im Süden einen freien Zugang über die Felder des benachbarten Bauerndorfes. Wir werden Zeugen suchen.“

Der Bismarckturm in Berg

„Der Tote war auffallend wohlbeleibt?"

„Herr Präsident. Ohne der amtlichen Identifizierung vorgreifen zu wollen: Die Beamten im Streifenwagen haben den Toten sofort erkannt. Gustav Bachmeier war eine stadtbekannte Persönlichkeit, Besitzer einer europaweiten Kette von Fitness-Studios, in der Kreisstadt geboren und ihr spendabelster Mäzen. In dem Polizeirevier ließ er sich öfters blicken, und zwar meist ohne einen uns bekannten konkreten Anlaß."

„Gustav Bachmeier bin ich begegnet. Er gab uns Rätsel auf. Es ging immer um Spuren, die sich in einem seiner Fitness-Studios ins Nichts auflösten. Er ließ sich nie von einem Rechtsanwalt vertreten und suchte auffällig direkte Kontakte mit der Polizei. Wir haben ihm nie etwas nachweisen können. Übrigens hat er sich kürzlich im Fall des Verschwindens des Medienmoguls Monday den italienischen Kollegen als Zeuge zur Verfügung gestellt. Ohne jedes Resultat, was mich, ehrlich gesagt, nicht wundert."

Vom Waldrand näherte sich der Polizeiarzt.

„Wir sind fertig, Herr Kriminalhauptkommissar. Der Leichnam kann zur Obduktion in die Gerichtsmedizin gebracht werden. Der Tod dürfte drei bis vier Stunden vor dem Auffinden der Leiche eingetreten sein. Der Tote ist von hinten erstochen worden. Unfall oder Selbstmord sind somit ausgeschlossen. Als Tatwaffe kommt ein Stilett infrage, ein schmaler Dolch, der in der Mitte der Klinge breiter wird. Er wird durch die Rippen gestochen, einmal umgedreht und wieder herausgezogen. Im Brustkorb ist dann alles zerrissen. Der Tod tritt sofort ein. Doch schließt sich die Wunde, so daß wenig Blut austritt. Was mich beschäftigt ist, daß bei uns Morde mit dem Stilett unbekannt sind. Am Mittelmeer ist es anders, doch ist auch dort die Zahl solcher Morde sehr klein. Mein ganz persönlicher Rat wäre, falls die Obduktion meinen Verdacht bestätigt, intensiv dieser ungewöhnlichen Waffe nachzugehen."

„Nach der Obduktion telefonieren wir. Aber jetzt schon ganz herzlichen Dank für den Tip mit der Tatwaffe."

Als der Polizeiarzt sich entfernt hatte und die Leiche abtransportiert war, machte Wackerl das Protokoll fertig. Auf dem Weg vom Wanderparkplatz vorbei am Denkmal bis zur Holzhütte waren mindestens drei frische Fußspuren gefunden worden, wobei eine ungewöhnliche Schuhgröße Bachmeier zugeordnet werden könnte. Wackerl ordnete an, daß der Tatort abzusperren und sorgfältig zu bewachen sei. Die Schrifttafeln und Reliefs am Denkmal seien durch die blauen Folien zu verdecken. Am folgenden Tage seien mögliche Zeugen zu befragen, wobei die zu fahrenden und parkenden Kraftfahrzeuge am Wanderparkplatz, Personen auf dem Parkgelände, die Holzhütte und die vor ihr gefundene blaue Folie von besonderem Interesse seien. Dann ging Wackerl mit beschwingten Schritten zu seinem an dem Wege bei dem ehemaligen römischen Barockpalast (mit Alpenblick) auf der Wiese geparkten Auto. Wenn ihn nicht alles trog, dann war er einem Verbrechen auf der Spur, das den Schlüssel zu anderen bilden konnte. Schon sah er den heutigen Tag im Lichte weiterer Karriereschritte, falls nicht, ja falls nicht die Medienspürhunde ihm einen dicken Strich durch die Rechnung machen würden.

Regenschirme auf dem Waldfriedhof

Als die ansehnliche Trauergemeinde Schirm an Schirm von der Aussegnungshalle zum Bachmeierschen Familiengrab zog und der übergroße Sarg sich in das Grab senkte, öffnete der Himmel alle seine Schleusen. Doch Petrus lenkte bald wieder ein. Bei der Schlußoration, der der Geistliche auf ausdrücklichen Wunsch des Verstorbenen noch ein „Patrona Bavariae ora pro nobis“ beifügte, tröpfelte es kaum noch. Nun rückten die Gedenkredner einer nach dem anderen auf das Grab vor, die Vertreter des Geschäftslebens und der Kreisstadt, des Fremdenverkehrs- und des Musikvereins, der Feuerwehr und der Wasserwacht und nicht zuletzt des Vereins „Tourismus unsere Zukunft“.

Als erster ergriff der Geschäftsführer von Bachmeiers weit verzweigter und entsprechend unübersichtlicher Firmengruppe das Wort. Der jäh aus dem Leben Gerissene sei in der gesamten Branche nur der „King“ genannt worden. So werde man ihn auch künftig in der Erinnerung behalten, als einen König, in dessen Krone drei kostbare Edelsteine funkelten: Health, Wellness und Fitness. Rätselhaft, zutiefst erschütternd sei der gewaltsame Tod dieses Mannes, der dem Menschen und immer nur dem Menschen gedient habe. Der Geschäftsführer winkte einen Mitarbeiter heran, der ihm einen Umschlag reichte:

„Als Zeichen unserer Verbundenheit heute und immerdar lege ich in das Grab die noch druckfrische neueste Nummer der Zeitschrift, die dem Verstorbenen so nahestand, der er so viel von seinem Herzblut geopfert hat. Ruhe in Frieden, King.“

Karbunkel, der aus alter beruflicher Gewohnheit in den hinteren Reihen stand, zupfte seinen Nachbarn, der wie er etwas gegen Plätze in der ersten Reihe zu haben schien, am Ärmel und erkundigte sich:

„Welche Zeitschrift ist das denn?"

Der Gezupfte warf einen mitleidigen Blick auf den Trauergast, der ohne zu erröten eine solche klaffende Bildungslücke eingestand, und antwortete herablassend:

„Na ja, natürlich ‚Muskeln für alle – fit for fun'".

Im Schmuck seiner Amtskette und seiner Amtsmiene trat der Bürgermeister der Kreisstadt an das offene Grab, gefolgt von zwei städtischen Angestellten, die einen mit Nelken geschmückten Kranz anschleppten, dessen Durchmesser es selbst dem Verstorbenen erlaubt hätte, mit Leichtigkeit hindurchzusteigen. Der zutiefst zu Betrauernde habe ein seltenes Maß an Bürgersinn an den Tag gelegt. Wann immer eine Haushaltssperre ihren schwarzen Schatten über die Stadt gelegt habe, hätte der erste Weg die Verantwortungsträger zum Verstorbenen geführt. Der überregional bekannte, bedeutende Unternehmer habe stets ein offenes, ein mitbürgerliches Ohr für die Sorgen seiner Heimatstadt gehabt. Nur eine Bedingung habe der großherzige Spender gestellt: Sein Name dürfe in Zusammenhang mit der Spende nicht genannt werden. Nun aber sei die Zeit gekommen, den Mund weit zu öffnen, die hohen Verdienste des edlen Wohltäters zu rühmen und diesen allen Bürgern als nachzueiferndes Vorbild vor Augen zu stellen. Seine Ansprache schloß der Bürgermeister mit der altrömischen Formel: „Gustav Bachmeier hat sich um unsere Stadt verdient gemacht."

Den größten Eindruck hinterließ der Sprecher des Fremdenverkehrsvereins, der mit seinem Regenschirm ein altes Buch gegen die letzten fallenden Tropfen schützte. Es war die aus dem Jahre 1784 stammende erste Beschreibung des Sees, die dem Polyhistor Lorenz Westenrieder zu verdanken ist. Im Namen seines Vereins las der Redner den, wie er hervorhob, noch immer gültigen Satz vor: „Wer nie partheyisch war, wird es hier, wenn es sich je sagen läßt, daß man es hier werden kann, und wer viele schöne Landschaften in der Welt gesehen hat, nennt im Taumel der Lust diese die schönste, hofft nie wieder eine schönere zu sehen.“ Die naheliegende Frage, was von der „immer wechselnden und doch immer unveränderten Schönheit“ der Landschaft, der der weitgereiste Ägyptologe Julius Braun im 19. Jahrhundert nur noch das Goldene Horn von Konstantinopel an die Seite zu stellen wußte, bei einer nachhaltigen Förderung des Fremdenverkehrs übrigbleiben würde, ging in der Ergriffenheit der Trauergemeinde unter.

Als der Regen aufhörte, kam Unruhe auf. Die Versammelten hatten damit gerechnet, durch einen klugen Gebrauch ihrer Regenschirme den allfälligen Aufnahmen der Polizeiphotographen begegnen zu können. Machte man sich nicht verdächtig, wenn man den Schirm ohne Regen aufspannte? Die Polizei hatte nur ein kurzes, nichtssagendes Kommuniqué herausgegeben. Im Falle „Mord an der Katzenhütte“ werde nach allen Seiten ermittelt und jede Spur verfolgt. Wer konnte sicher sein, nicht zu einer Seite zu gehören oder sich arglos in die Nähe einer Spur wiederzufinden? Die nicht in den ersten Reihen Stehenden schlossen nervös ihre Schirme und öffneten sie wieder halb. Sie runzelten sorgenvoll ihre Stirn und glätteten sie wieder als ein Gerücht die Runde machte. Infolge der jüngsten Personaleinsparungen sei nur mit zwei Polizeiphotographen zu rechnen. Diese würden sich an der geraden, von Pappeln gesäumten Allee, die zum Hauptportal führte, postieren. Einige blickten verstohlen zum Himmel, ob neue Regenschauer doch noch den Einsatz ihrer Mehrzweckschirme ermöglichen würden. Andere spähten nach Pfaden zwischen den Gräbern des Waldfriedhofs, die zu einer Einheimischen bekannten Nebentür, einer verborgenen Pforte, führten, und durch diese ins Freie. Manche wunderten sich zudem über einen verspäteten Trauergast, dessen Regenschirm auf allen sieben Feldern Katzenköpfe zeigte.

Karbunkel nickte in Richtung des auffälligen Schirms, und sein lokalpolitisch informierter Stehnachbar verstand sofort.

„Das ist Fridolin Feuerstein, Reporter des ‚Kreis- und Seeboten' und Kauz von Graden. Er läßt sich nicht davon abbringen, daß ein Mord in erster Linie die Öffentlichkeit angeht, der auch die Fahndung nach dem Täter zu überlassen sei. Sehen nicht zigtausend Augen mehr als zwei? Nicht die Öffentlichkeit habe die Polizei mit Informationen zu füttern, sondern die Polizei habe mit ihren Mitteln der Öffentlichkeit bei der Fahndung beizustehen. Denn die kreative Phantasie der Menschen sei der staatsbürokratischen Routine allemal vorzuziehen. Die Öffentlichkeit müsse nur durch geschicktes Event-Management auf Trab gebracht werden. Das sei die Aufgabe der Journalisten, die nicht nur Artikel schreiben, sondern vor allem Zeichen setzen sollten, in diesem Fall auf der Katzen-Spur. Wie bei einer Schnitzeljagd werde die Fahndungsgesellschaft in die richtige Richtung gelenkt, bis der Täter gefunden oder zumindest spannende Unterhaltung geboten wurde."

Die Wolken zogen sich immer mehr zurück, die blauen Flecken wurden größer, die Sonne kam voll zum Vorschein. Die meisten Trauergäste hatten sich schon klammheimlich zur verborgenen Pforte geschlichen. Nur eine Gruppe von ohnehin zur Klüngelbildung neigenden Honoratioren stand noch in regem Meinungsaustausch beim Grab.

Auf der verödeten Pappelallee gingen in Gedanken versunken zwei ältere Herren nebeneinander zum Portal. Gleichzeitig blickten sie auf, sahen sich an und riefen wie aus einem Munde: „Schwere Wetter …" und dann „… Schwere Reiter".

„Trüfferl, ja man glaubt's nicht."

„Tasserl, wie kommst du hierher?"

„Warum hast du all die Zeit nichts von Dir hören lassen, Trüfferl? Du warst ja wie vom Erdboden verschwunden."

„Das ging nicht anders, Tasserl. Ich arbeitete unter einem neuen Namen in einer Organisation mit strikten Regeln. Ich hatte mich verpflichtet, bis zu meinem Ausscheiden jeden Kontakt mit meiner Heimat zu unterlassen. Jetzt ist alles anders. Ich bin pensioniert und frei, trage meinen alten Namen und wohne in meinem Elternhaus an der Straße. Du kennst es ja.“

„Dann sind wir ja Nachbarn und Pensionskollegen. Ich bin zu meiner Tochter und den Enkeln an die Straße gezogen, weiter nördlich. Das Haus hat mein Schwiegersohn erworben, als er zum Generaldirektor der Explo AG aufstieg. Die Zeitungen nahmen davon Notiz. Da unser See damals als Aufmarschfeld öffentlichkeitswirksamer Repräsentation in Mode kam, wollte mein Schwiegersohn durch ein Haus an dieser Stelle seine Prominenz außer Zweifel stellen.“

„Tasserl, erzähl. Wie erging es Dir, als unser Bund wie von einem Wirbelsturm davongeweht wurde?“

„Der Wirbelsturm hat mich nur gestreift. Tante Emma, die damals als Witwe im Städtchen Schlotheim an der Notter in Thüringen lebte, wollte in den Westen übersiedeln, aber nicht ohne ihr Silber. Sie hatte es beim Einmarsch der Amerikaner, denen bald die Russen folgten, hinter einem großen Rhododendronstrauch an der Gartenmauer vergraben. Bis die Tante und das Silber glücklich im westlichen Hafen gelandet waren, vergingen vier Wochen. Ich mußte mich ja tagsüber verstecken. Als ich wieder zuhause war, hörte ich, daß die bösen Buben vom CIC nach mir gefahndet und unser Haus auf den Kopf gestellt hätten. Mittlerweile hatte sich jedoch der Sturm gelegt, hatten sich die Gemüter wieder beruhigt. Unser Bund verstieß zweifellos gegen Vorschriften der Militärregierung, die wir mehr ahnten als kannten. Doch die Amerikaner wollten aus irgendwelchen Gründen die Sache nicht weiter aufblähen. Die Untersuchung verlief im Sande. Ich studierte Jura, wurde in den bayerischen Polizeidienst aufgenommen, kletterte nach und nach auf der Karriereleiter nach oben und trat vor einem Jahr als Polizeipräsident in den Ruhestand."

„Nun bin ich gespannt, was du aus dem Polizeidienst zu berichten hast, es war ja die bayerische Polizei und nicht irgendeine. Wie wär's Tasserl, wollen wir das Garn bei mir zuhause weiterspinnen? Jeden Dienstag läßt meine Sekretärin, Fräulein Steigleder, es sich nicht nehmen, ein umwerfendes Mittagessen aufzutischen. Da ich manchmal einen Gast mitbringe, ist sie geübt, noch ein Gedeck aufzulegen. Wie wär's? Hast du Zeit?"

„Eigentlich liebend gern. Doch wartet Kriminalhauptkommissar Wackerl am Tatort auf mich. Komm doch mit, ich stelle Dich als meinen alten Freund vor, der an der Straße wohnt und vielleicht etwas zum Fall sagen kann."

„Perfekt. Ich rufe nur eben noch Fräulein Steigleder an."

Nach der mühseligen Passage durch die Kreisstadt, deren Verkehrsplanung so verkorkst war, daß jeder Autofahrer das Ganze am liebsten in die Luft gesprengt hätte, bogen sie in die Kreisstraße ein, die am Ostufer entlangführte. Bald waren sie am ehemaligen römischen Barockpalast „mit Alpenblick" angelangt, von wo der Fahrweg zum Bismarckturm abzweigte. Vor dem Wanderparkplatz diskutierte Kriminalhauptkommissar Wackerl mit dem wiedergenesenen Steinmetz. Dann wandte er sich den Neuankömmlingen zu.

„Darf ich Ihnen, lieber Wackerl, Herrn von Karbunkel vorstellen, einen alten Freund und Nachbarn, der weiter südlich an der Straße wohnt."

„Grüß Gott, Herr von Karbunkel. Sie haben einen Platz in meinem Notizbuch. Ich wollte Sie anrufen, um Ihnen „tanti saluti" aus Neapel zu überbringen. Der dortige Commissario schätzt Sie überaus. Um es gleich zu sagen. Wir arbeiten eng zusammen und stehen vor dem gleichen Problem. Das Verschwinden des Medienmoguls Monday und der Mord an der Katzenhütte sind beide politisch hoch angesiedelt. Wir müssen uns auf einem schlüpfrigen Parkett bewegen. Als Beamte haben wir uns nach den Vorschriften zu richten, während die Politiker frei von solchen Fesseln sind. Wir dachten, daß Ihre ‚internationalen Nachforschungen' als private Firma von solchen Rücksichten unberührt sei. Können wir uns einmal darüber unterhalten?"

„Gerne, jederzeit."

„Doch was gibt es Neues von der Katzenhütte, lieber Wackerl?"

„Wir haben uns mit den Zeugen befaßt, doch die Ausbeute blieb mager. Der Hergang ist weitgehend aufgeklärt. Drei Männer sind auf dem Wanderparkplatz aus einem grünen Audi Quattro gestiegen, von dem bislang jede Spur fehlt, und sind geraden Weges zur Katzenhütte gegangen. Dort wurde Bachmeier durch ein Stilett mit einem Stich von hinten getötet und mit einer blauen Plane zugedeckt. Was wir nicht wissen, ist, wer die beiden anderen Männer waren, was sie zur Katzenhütte geführt hat und welches Motiv für den Mord infragekommt."

„Was bedeutet die Katze?"

„Gar nichts. Die Villa, deren Grundstück zur Katzenhütte hinaufführt, ist unbewohnt. Der letzte Eigentümer hat sich wegen geschäftlicher und steuerlicher Turbulenzen nach Hamilton auf den Bahamas abgesetzt. Ein Rechtsanwalt aus der Kreisstadt hat die Räumung und den Verkauf übernommen. Die Hütte steht seit langem leer. Sie dominierte früher durch die weite Sicht. Solche Hütten entstanden am Ende des 19. Jahrhunderts. Sie waren in Mode, weil sie Sommerfrischler aus nördlichen Gefilden in die rechte Alpenstimmung versetzten. Sie wissen ja: ‚Auf der Alm, da gibt's koa Sünd', dazu das Postkartenpanorama und der Sonnenuntergang. Das Auto hat dem ein Ende gesetzt, man fuhr gleich weiter in die Berge, in den Hütten lagerten Gartengerätschaften. Am Moränenhang ist der Wald in die Höhe geschossen, die Aussicht geriet in Vergessenheit. Der Rechtsanwalt war zur Tatzeit im Oberlandesgericht bei einer Verhandlung. Die Schlüssel zur Hütte und zum Tor im Maschendrahtzaun – die Hütte steht einen halben Meter vor dem Zaun – hingen in der Kanzlei. Kaufinteressenten waren ausgeblieben. Das Blechschild mit der Katze blieb bei der Räumung übrig. Der Anwalt nagelte es spaßeshalber an die Hütte."

„Kannte Bachmeier die Katzenhütte?"

„Der Anwalt sagte aus, daß Bachmeier mehrmals wegen des Verkaufs der Villa vorgesprochen habe. Einmal habe er mit ihm das gesamte Grundstück, Katzenhütte einschließlich, besichtigt."

„In Capri bei dem Verschwinden des Medienmoguls Monday spielte der Kampf der internationalen Freizeitkonzerne eine noch nicht aufgeklärte Rolle. Bachmeier war zumindest Zeuge. Ich glaube, wir müssen mit einer Machete in den Immobiliendschungel eindringen."

Villa Karbunkel

Dort, wo der See am breitesten war und die Moränenhänge bis zum Ufer reichten, stand an der Ostseite der sich gemächlich dahinschlängelnden Straße die Villa Karbunkel. Hinter einem grün gefaßten, mit Weinlaub bewachsenen Gittertor stiegen Stufen hinauf, verzweigten sich zu einer geschwungenen, doppelläufigen Freitreppe und endeten an der von verschieden geformten Terracottatöpfen gesäumten Terrasse. Im Sommer prangten hier Surfinien, Petunien und Heliotrop. Im Winter übernahmen Nadelgewächse, Ilex und Erika den Notdienst. Von der Terrasse schweifte der Blick über die von Wind und Wellen bewegte Wasserfläche hinüber zum Westufer, vom Hofmarkschlößchen im Norden bis zu den Klosteranlagen im Süden. Dahinter erhob sich ein mäßig hoher, aber um so breiterer Berg, der religiös empfängliche Gemüter in Schwingungen versetzte. Doch, o Schreck, statt eine Burg Monsalvatsch zu tragen, pikste der Berg einen Sendemast des Fernsehens in den weiß-blauen Himmel.

Die Villa Karbunkel verblüffte den Betrachter mit einer unregelmäßigen, verwirrenden, doch dekorativen Fassade. Ein hervortretender Treppenturm, dessen schräge Fenster braune Holzbalustraden begleiteten, verband zwei dreistökkige, aber verschieden hohe Bauteile. Mit dem Turm korrespondierte ein zweistöckiger Erker. Er ging in einen halbrunden Küchenanbau über, auf dessen mit grauen Fliesen belegtem Dach Karbunkel als Kind auf dem Dreirad vergnügliche Runden gedreht hatte. Der Knirps, der es angestrengt vermied, durch Klingeln oder Jauchzen die Aufmerksamkeit Vorübergehender auf sich zu lenken, übte, wie sollte es auch anders sein, bereits für seine Geheimdienstkarriere.

Passanten, die auf Bayerns schönstem Spazierweg entlangkamen, blieben oft vor der Villa Karbunkel stehen. In den progressiven 60er und 70er Jahren bemerkte man auf der Straße säuerlich verzogene Mundwinkel. Es fielen Worte wie „Quadratmeter“, „Erholungspotential“, „Seeblick, dem das Fällen einiger Bäume guttäte“. Der alte Kasten solle doch endlich einem todschicken und dazu noch pflegeleichten Bungalow weichen: „... in dieser Lage!“ Seit der ökologischen Wende, die für Zeitgeistbeflissene statt des Veränderns das Bewahren auf die Tagesordnung setzte, und vollends seit dem Erscheinen von Gerhard Schobers bahnbrechendem Werk „Frühe Villen und Landhäuser am Starnberger See“ drangen ganz andere Töne zur Terrasse hinauf. Ansiedlungen und Ortsgeschichte, Bau- und Lebensstile wurden diskutiert. Kenner zählten mit schiefgelegtem Kopf die schrägen Fenster. Sie begaben sich auf die Spurensuche nach einer dahingeschwundenen oder, noch aufregender, vor ihren Augen gerade dahinschwindenden Kulturlandschaft. Ein an der Straße ansässiger, bekannt aufmüpfiger Schauspieler nannte, was jetzt noch zu sehen war, brummig „unsere Restgegend“. Eine Kulturlandschaft läßt sich nicht hinstellen wie eine Bundesgartenschau, ein Freizeitpark, ein Erholungsgelände. Sie erwächst aus der Harmonie der Landschaft und der Bauten mit dem Lebensgefühl der Bewohner – und vergeht, sobald der allgegenwärtige Geschäftsgeist sich in den Vordergrund drängt.

Während Fräulein Steigleder sich am Herd um das Mittagessen kümmerte, saß Karbunkel am Küchentisch, auf dem eine Flasche Chateau Lestrille bereitstand, und blätterte in der in seinem Büro eingetrudelten Post. An einem seeseitigen Fenster wurde vernehmlich geklopft. Karbunkel stand auf, öffnete eine Terrassentür und ließ Tassilo Haferl den Polizeipräsidenten außer Dienst, ein.

„Pardon, Trüfferl, ich hab’s nicht mehr geschafft. Ich mußte mich umziehen. Der schwarze Anzug und die schwarze Krawatte hätten mich den ganzen Tag an den Gustl erinnert. So traurig es ist, der Mord an der Katzenhütte kann warten, bis wir über das Umfeld des Toten näher informiert sind. Gut Ding will auch in der Kriminalistik Weile haben."

„Aber nicht doch, Tasserl, ich habe mich zu entschuldigen. Wegen der fehlenden Klingel. Früher kamen die Gäste in Knickerbockern, mit Strohhüten und geschulterten Schmetterlingsnetzen vom Dampfersteg und klingelten am Gartentor. Später lenkten sie ihre Schnauferl die Auffahrt hinauf und hielten vor dem Kutschstall. Ich vergaß, daß du zuletzt nach Kriegsende hier warst, während des Rückfalls in die autolose Zeit. Wohlan, wir könnten jetzt zum Mittagessen hinübergehen. Fräulein Steigleder brennt darauf, ihre Künste vorzuführen. Doch sei gewarnt: Wenn es gemundet hat, erwartet sie vom Gast kein Lob, ein überschwengliches schon gar nicht, sondern harte Informationen, die den ‚Internationalen Nachforschungen' nützen.

Der gedeckte Tisch stand etwas erhöht in einem neuneckigen Erker, den eine Balustrade und zwei Stufen von der getäfelten Halle absetzten. Zwei Gedecke waren aufgelegt. Entenleberterrinen auf einem Salatbett warteten neben der nunmehr entkorkten Flasche Chateau Lestrille. Im Hintergrund zog eine Nymphenburger Porzellanfigur die Blicke auf sich, ein Reiter mit rosigem Gesicht, doppeltem Küraß und Raupenhelm, der in kerzengerader Haltung und mit starrem Blick über einen Korb sprang.

„Gratuliere, Trüfferl, unser Schwerer Reiter!"

„In der Idee schon, und nur um die geht es. Du weißt, als die bayerische Armee in Napoleons Rußlandfeldzug elendig zugrundegegangen war, gründete König Maximilian I. Joseph 1814 das Regiment Garde du Corps zu Pferde, seine Leibgarde, Kern der neuen bayerischen Streitkräfte. Unter Ludwig I., dem König der Künste, den eine Armee lediglich als Sparobjekt interessierte, wurde die Leibgarde aufgelöst. An ihre Stelle trat ein billigeres Kürassierregiment. Hier springt ein Kürassier über den Korb. Ludwigs Enkel, der friedliebende und für preußische Subventionen ungemein empfängliche Ludwig II., taufte die Kürassiere in Schwere Reiter um und setzte ihnen anstelle des bayerischen Raupenhelms die preußische Pickelhaube auf, ein Affront ohnegleichen. Mir verschlägt ein solches Kostüm noch heute den Appetit, und die Porzellanmanufaktur denkt wohl ähnlich. Dann schon lieber ein Kürassier. Der Erste Weltkrieg zog einen dicken Strich unter das Königreich und die Schweren Reiter. Doch Truppen sind nur ein Mittel. Strategisches Denken und Handeln kann auch ohne Küraß in vielen, durchaus zivilen Formen weitergeführt werden. Das schwebte uns vor, als wir unseren Bund gründeten. Militia contra malicia."

Sich leise räuspernd holte Fräulein Steigleder die Konvivanten, die dem Chateau Lestrille durchaus gewogen zu sein schienen, auf den Boden des nächsten Ganges zurück, einer Topinambursuppe. Das obstinate Fräulein bestand darauf, daß zu jedem Mahl mindestens ein einheimisches Gericht gehört. Um sicher zu gehen, mußten die Zutaten möglichst aus dem eigenen Garten stammen. Im späten Herbst wurden die Knollen der sog. Jerusalemer Artischokke hinter dem Haus aus dem Gemüsebeet gegraben. Püriert schmeckten sie nicht nur köstlich, sondern waren auch gegen Zucker, hohen Blutdruck und andere Gebresten alter Knaben höchst heilsam.

„Damals, als wir in diesem neuneckigen Erker unseren Bund für Heimat und König gründeten, ging es frugaler zu. Das Wasser kam aus eurer Quelle und wurde mit etwas Waldmeister im Frühjahr, Holunderbeeren im Herbst gereicht. Dazu gab es vom Schwarzmarkt einige Scheiben Weißbrot, das für uns den endgültigen Triumph der westlichen Werteordnung darstellte."

„Die Quelle gibt es noch, doch mußten wir uns inzwischen an die gemeindliche Wasserleitung anschließen. Das

Weißbrot und die Werteordnung sind dagegen etwas aus der Mode."

„Der neuneckige Erker wirkte wie ein magischer Kreis. Die gemeinsame Idee trat plötzlich in unsere Mitte. Wir sprachen über unser Regiment und seine Feldzüge im Ersten Weltkrieg, vom Baltikum bis zur Krim. Stephan Wildbauer machte einen seltsam gedrückten Eindruck. Er legte seinen Zeichenstift aus der Hand und begann zu stottern Dann stellte sich heraus: Sein Vater war mit den 2. Schweren Reitern aus Landshut ins Feld gezogen. Wir wußten, daß es dieses Regiment gab. Der Volksmund sprach von den ‚Bierreitern', im Gegensatz zu uns als den ‚Sektreitern'. Mit allem hatten wir gerechnet, nur nicht damit, in dieser Stunde einem Bierreiter zu begegnen. Waren wir doch dabei, einen bayerischen Treuebund zu gründen, nicht einen multikulturellen Club. Aufs äußerste düpiert verabschiedeten wir uns schnell. Stephan Wildbauer wurde von da an nicht mehr gesehen."

„Wenn du glaubst, daß Wildbauer beschämt nach Hause nach Landshut geschlichen wäre, irrst du dich. Er marschierte geradewegs zu einem amerikanischen Geheimdienst und denunzierte uns. Mir hat es vierzig Jahre meines Lebens gekostet."

„Wo steckt denn der Bierreiter jetzt?"

„Ganz in der Nähe. Er besitzt am nördlichen Ende der Straße eine Traumvilla hinter einer dichten Thujenhecke, nennt sich Mr. Steve Wilder und spricht deutsch mit einem amerikanischen Akzent. Der Wiggerl bewacht Wildbauers Haus und betätigt sich als sein Frühwarnsystem. Darüber hinaus sitzt er als Doyen der ‚Woge' vor, die sich jeden Freitag im ‚Gasthaus zur Goldenen Sonne' trifft. Im Zuge der Globalisierung bietet neuerdings der große Saal in diesem beliebten Gasthaus nicht mehr genügend Platz."

„‚Woge'? Was ist das?"

„Die ‚Wohltätige Gesellschaft für Seeschutz', der Verband der Bodyguards und Sicherheitsbeauftragten rund um den See. Er führt die Tradition der Polizeistation am Ostufer fort, die die Ausfahrten Ludwigs II. absicherte. Während die Prominenten und Zwielichtigen sich aus gutem Grund nicht kennen und nicht helfen, kennen und helfen sich ihre Leibwächter. Sie sind die Macht am See. Doch sag mal, Tasserl, du mußt den Wildbauer doch irgendwann getroffen haben."

„Seltsamerweise, nein. Dienstlich war mir Mr. Steve Wilder durchaus ein Begriff, wenn auch kein erfreulicher. Er leitete in der Landeshauptstadt eine recht undurchsichtige Im- und Exportfirma. Doch wir kamen nie an ihn und seine Firma heran. Beide waren von amerikanischen Behörden und Diensten abgeschirmt – für uns eine Schuhnummer zu groß."

Die Topinambursuppe war gegessen, der Pegelstand der Weinflasche bereits beträchtlich gesunken. Fräulein Steigleder trug einen in Prosecco gekochten und überbakkenen kanadischen Wildlachs herein, den eine Hummersauce vorteilhaft begleitete. Der Polizeipräsident grübelte, was wohl als Gegenleistung für das köstliche Mahl infrage käme. Karbunkel nahm das Gespräch wieder auf:

„Tasserl, sag, was ist während meiner Odyssee durch ferne Länder aus den Reitern geworden, und was aus unserer Idee?" „Die Reiter sind in alle Winde zerstreut, wie du und ich. Peter Zimmermann schickt alljährlich eine Weihnachtskarte. Nach Kanada ausgewandert arbeitet er in der Finanzbranche, man munkelt von Waffengeschäften. Theodor Winkler hat in eine Großgärtnerei eingeheiratet und drei prächtige Söhne gezeugt. Nach dem Fall der Mauer hat er ihnen die Gärtnerei überlassen und ist nach Brandenburg gezogen, wo Winkler und Stauden inzwischen zu Synonymen geworden sind. Jeder schlägt sich allein durch. Was die Gruppe um Wildbauer im Schilde führt, im Falle des

Abbild eines Schweren Reiters auf einem Bierkrug

Gustl führte, kann ich nicht sagen. Die Untersuchung des Mordes an der Katzenhütte wird es wohl ans Licht bringen."

„Und unsere Idee?"

„Da hast du nichts versäumt. Das amerikanische Verbot der Heimat- und Königspartei kurz vor der ersten Wahl, in der wir mit einer absoluten Mehrheit rechneten, war das bittere Ende. Die Weichen waren nunmehr gestellt, gegen die bayerische Unabhängigkeit, gegen die Monarchie und für die Parteien- und Medienherrschaft unter anhaltender amerikanischer Überwachung. Es wurde noch finassiert: Föderalismus, eigener Staatspräsident, bayerische Staatsangehörigkeit, Senat und zuletzt noch die Einführung der Hymne ‚Gott mit dir, du Land der Bayern', doch so sehr wir das Pulver trockenzuhalten suchten, es gab keine Chance."

„Die günstige Stunde wollte sich nicht einstellen?"

„Jetzt ist sie da. Der Fall der Mauer hat nicht nur den Kalten Krieg beendet. Das System miteinander rivalisierender souveräner Staaten gehört der Vergangenheit an. Die einzige Weltmacht beansprucht ein universales Interventionsrecht. De facto rivalisieren Finanzgruppen, Lobbies, Geheimdienste, organisierte Kriminalität, Nichtregierungsorganisationen, Medienmogule mit den machtmäßig zurückgestutzten Staaten, die kastrierten Katern gleichen, gewaltig im Umfang. Was leider fehlt, ist die Potenz. Größe und Einheit sind nicht mehr entscheidend. Je kleiner, desto beweglicher."

„Wir könnten jetzt Wiederbeginnen, wie seinerzeit in diesem Erker?"

„Wir beide nicht, schauen wir in den Spiegel."

Fräulein Steigleder erinnerte sich zum Abschluß noch einmal an ihr Prinzip der Heimatkost. Sie brachte ein Kompott aus den Früchten der Quittenbäume, die neben dem Kutschstall standen. Ein Glas Sekt diente dem Toast, den Karbunkel auf den König ausbrachte, und leitete zum Dank des Polizeipräsidenten an Fräulein Steigleder über. Er habe

„Tanti saluti“ vom Commissario Lambrusco aus Neapel zu überbringen, an Karbunkel, aber auch unbekannterweise an Fräulein Steigleder, von der der Luchs so viel Gutes gehört habe. Lambrusco habe zwar bei den Vernehmungen in Capri keine Ergebnisse erzielt, hernach aber den Kapitän und die drei Matrosen der Yacht „Empire“ weiter überwachen lassen. In nicht allzu langer Zeit hätte einer der Matrosen einen Weinberg in der Toscana, ein anderer eine Bar in Venedig, der dritte einen Zigarettenladen in Rom erworben. An der Herkunft der dieserhalber benöigten Sümmchen konnte kein Zweifel bestehen. Die Matrosen sagten gerne aus, da der Zeitraum verstrichen war, in dem sie zum Schweigen verpflichtet waren. Monday war in Neapel nicht an Bord gegangen. Er war auf der Flucht und wollte sich vor seinen Verfolgern einen ausreichenden Vorsprung sichern. Wer die Verfolger waren, wußten die Matrosen nicht, vielleicht aber der Kapitän. Der jedoch war durch einen tödlichen Stich mit einem Stilett an einer Aussage gehindert worden. Die Information war für Fräulein Steigleder doch zu hart. Sie brachte noch ein ‚O Gott‘ über die Lippen und fiel in Ohnmacht.

Caspar und sein Bruder Niklas

Über den Autor

Caspar Schrenck kam im Sommer 1927, am 3. Juni, in der Nymphenburger Straße 163 in München zur Welt. Mit dem Adels-Namen Albert Philibert Kaspar Leopold Gustav Karl Ludwig Benno Hubertus Freiherr von Schrenck von Notzing war er das erste Kind von Gustav und Martha. Die Eltern hatten vier Jahre vor Caspars Geburt, 1923, geheiratet. Es war keine Adelshochzeit, aber eine gesellschaftlich standesgemäße. Martha, die in der Familie nur Maggi genannt wurde, war die Enkelin des bayerischen Heimatschriftstellers Ludwig Ganghofer. In Genua zur Welt gekommen, war die Tochter von Charlotte Ganghofer für den im Alter stehenden Schriftsteller eine Wunschenkelin. Den Umstand der frühen Nähe zum Großvater verdankte sie der Tatsache, daß sie an Charlottes Geburtstag, dem 5. Februar, im Jahr 1902 das Licht der Welt erblickte. Für Ludwig Ganghofer die „Erfüllung all meiner guten Wünsche".

Caspars Vater Gustav lernte Maggi später über die gute Münchner Gesellschaft kennen. Im Haus des mittlerweile verstorbenen Großvaters am Tegernsee mit Blick auf den Kirchturm von Rottach-Egern heiratete Maggi 1923 einen Mann der Zeit – des Krieges und der jungen Republik.

Gustav hatte sich 1914 nach einer österlichen Sommerfrische in Meran in der deutschen Heimat als begeisterter Kriegsfreiwilliger bei den bayerischen Ulanen gemeldet. Weggefährten erinnerten sich, wie Gustav Schrenck mit 18 Jahren und „strahlendem Blick und glücklicher Heiterkeit" am 8. September 1914 ins Feld und für das Deutsche Reich Kaiser Wilhelms II. in den Krieg zog. Von der lothringischen Grenze im Westen führten ihn die Kämpfe über die siegreiche Ostfront als Besatzungssoldat in die Ukraine. Die Ulanen hatte Gustav früh verlassen und sein Stammregiment beim Münchner Garderegiment Prinz Carl von Bayern gefunden. Der adelsübliche Dienst bei der Kavallerie prägte Gustav bis an sein Lebensende. In der Zwischenkriegszeit gab die Leidenschaft dem „Pferdenarren" als Rennreiter und Rennstallbesitzer in Riem bei München einen Brotberuf. Im Zweiten Weltkrieg bewahrten Gustav die Pferde als Leiter des Heeresrennstalls Hoppegarten des Oberkommandos des Heeres bei Berlin vor Kriegseinsatz und den Mühlen der Front.

Nach dem Krieg und in der Weimarer Republik war Gustav Teil der Geburtswehen des jungen Staates. In München schlug der dekorierte wie desillusionierte Weltkriegssoldat als Mitglied des Freikorps Franz Ritter von Epps 1919 die rote Räterepublik nieder. Epp wurde später unter den Nationalsozialisten Reichsstatthalter Hitlers in Bayern – Gustav wenige Jahre nach dem endgültigen Zusammenbruch der „schmutzigen Revolution" (Oswald Spengler) von 1918 ein Widersacher Hitlers. Am Tag des Hitlerputsches, den 9. November 1923, hatte Gustav von Schrenck-Notzing den Plan gefasst, Adolf Hitler verhaften zu lassen. Den Führer der nationalsozialistischen Revolution, die Anfang der 1920er Jahre in München noch zwischen Feldherrnhalle und Siegestor unter ein paar wenigen Gewehrschüssen, mehreren Verhaftungen und Toten versank, hielt Caspar Schrencks Vater nicht für den Retter des Vaterlandes, sondern für einen gewöhnlichen Agenten der Freimaurer, dem tunlichst das Handwerk zu legen sei. Der bewährte Freikorpskämpfer hatte keineswegs aus demokratischer Räson gehandelt. Er war zweifellos ein Gegner der Zweiten Deutschen Republik. Mit Stolz trug er das Epp-Abzeichen mit goldener Umrandung auf schwarzer Raute und hatte sich nach dem niedergeschlagenen Putsch für die republikfeindliche Organisation Escherich verpflichten lassen. Doch größer als die Abneigung gegen den demokratischen Staat war die Verachtung Gustav Schrencks für den Weltkriegsgefreiten Adolf Hitler. Der Name Hitler durfte in den Jahren des Aufstiegs Hitlers im Hause Schrenck-Notzing nicht mehr ausgesprochen werden. Gustav behielt sich seinen inneren Widerstand gegen Hitler auch nachdem die Deutschen Hitler gewählt und Hindenburg ihn zum Reichskanzler ernannt hatte. In den ersten Jahren der nationalsozialistischen Regierung fürchtete Caspars Vater wegen seiner Gesinnung die jähe Verhaftung. Noch vor dem Anschluß Österreichs 1938 erwarb er von Hedwig Pringsheim (nicht verschwägert mit Thomas Mann) ein Haus im oberbayerischen Garmisch-Partenkirchen nahe der Grenze, um im Ernstfall vor dem langen Arm Hitlers nach Österreich flüchten zu können. Nicht bedroht und öffentlich unauffällig arrangierte sich Gustav später mit der Macht. An seiner Abneigung gegenüber dem *Führer* änderte das nichts und über die nie gerissenen Bande zu den Reiterkameraden des Ersten Weltkrieges pflegte er in den 1940er Jahren Kontakt zu jenem Adel, in dessen Noblesse der Widerstand gegen Hitler keimte. Er verbarg im Ammerlander Haus Verfassungspläne für eine neue Ordnung vor dem Regime und führte noch vor seinem frühen Tod den jungen Caspar in jene Überlegungen ein. Ein Jahr vor dem 20. Juli 1944 verstarb Gustav an einem unheilbaren Nierenleiden. Caspar Schrenck sprach stets mit Achtung von seinem Vater. Der Versuchung, ihn zum aktiven Widerstandskämpfer zu stilisieren, erlag er nie. Wie der Vater blieb er aber immer auf Distanz zum Regime. Politisch unberührt fühlte er sich vom alle Lebensbereiche politisierenden Universalismus des Nationalsozialismus eingeengt. Schon als Jugendlicher verachtete er alles Kollektive bis hin zur Gemeinschaft in der Hitlerjugend, in deren Jungbann 374 er am 20. April 1938 in Potsdam eingestellt wurde. Die Parolen des Tages, die staatlich-öffentliche Meinung während des Zweiten Weltkrieges und das Gerede des NS nannte er – wie später Joachim Fest in seiner Speer-Biografie – abschätzig „bramarbasieren“. Caspar

Schrenck entwickelte so schon früh die Fähigkeit, sich Räume für das eigene Denken zu schaffen und diese gegen eine konträre Mehrheit zu verteidigen. *Kirschen der Freiheit*, analog zu Alfred Anderschs gleichnamigem Buch, fand Schrenck während des Zweiten Weltkriegs, wenn er aus dem Volksempfänger die aktuellen 17:00-Uhr-Nachrichten erwartete und die Sprecherstimme einmal vermeldete, daß es nichts Neues zu melden gäbe.

Der frühe Tod des Vaters während des zweiten Weltkrieges, nahm Caspar und seinem zwei Jahre jüngeren Bruder Niklas die letzte Sicherheit. Nach der Scheidung der Eltern 1937 hatten die beiden Buben mit dem Vater in Potsdam gelebt. Mit 16 Jahren wurde Caspar als Flakhelfer eingezogen, während Niklas zur Hitlerjugend kam. Kriegsdienst an der Waffe mußte der ältere der beiden Brüder wegen einer Typhus-Erkrankung nicht leisten. Nach kurzer Zeit in der Seuchen-Baracke verlegte man Caspar zum Dienst im kriegswichtigen Haflingergestüt seines Stiefvaters in Oberbayern am Tegernsee. Dort erwartete er das Ende des Krieges und sein erstes politisches Schlüsselerlebnis.

Als die Amerikaner von Westen her auf das Tegernseer Tal anrückten, geriet Schrencks Hauslehrer in Panik. Wo denn seine Munition sei, rief er verzweifelt. Caspar zeigte sich verwundert, dass der Antipreuße, der ihn und seinen Bruder statt in Griechisch und Latein in seinen pazifistischen Lehren unterrichtet hatte, gegen die Amerikaner zum letzten Gefecht rüsten wollte. Doch Lehrer Grote erklärte seinen Eifer anders: Nicht nach der Munition für ein Gewehr suche er, sondern nach seinen Kopfschmerztabletten. „Von da an wußte ich, was ein Liberaler war“, sagte Caspar Schrenck noch im hohen Alter. Den Liberalismus, der der Realität auswich und vor der Entscheidung im Ernstfall kapitulierte, belächelte er seitdem.

20 Jahre nach diesem Schlüsselmoment und dem Ende des Zweiten Weltkrieges formulierte Schrenck 1965 in sei-

Schrenck und seine Gemahlin

nem ersten großen Buch *Charakterwäsche*, das zum Klassiker der geistigen Opposition im Kreis der konservativen Gegenöffentlichkeit der alten Bundesrepublik wurde, eine Abrechnung mit der liberalen Ideologie. Schrenck beschrieb das deutsche Volk, das durch die amerikanische Besatzung zur Umerziehung gezwungen wurde und im Eifer des Fanfarenrausches wie mit deutscher Gründlichkeit die Siegermächte in ihrem Bestreben noch übertraf, indem es sich selbst umerzog und dafür die Vergangenheitsbewältigung ewiger deutscher Schuld erfand. Der gelebte deutsche Komplex blieb für den konservativen Intellektuellen Caspar Schrenck ein Leben lang Großthema und die Umerziehung sowie die Vergangenheitsbewältigung Zentralbegriffe seines Denkens. Die Neurose eines ganzen Volkes zu überwinden, war fortan sein Ziel. Schrenck wollte die geistige Souveränität für das deutsche Volk zurückgewinnen, das Hitler nach 1945 jeden Tag in neuem Gewand zu erkennen glaubte, zu besiegen versuchte und umso mehr Widerstand zu leisten vermochte, je länger Hitler tot war. Gegen die Vergangenheit, die nicht vergehen wollte, kämpfte Schrenck an. Zum Bewältiger taugte er nicht und war deshalb prädestiniert als Stimme der Gegenaufklärung und konservativer Kritiker seiner Zeit.

An verschiedenen politischen Fronten schritt Schrenck, der sich mit der *Charakterwäsche* einen Namen in der Bundesrepublik gemacht hatte, nun immer wieder ein und sprach das Widerwort stellvertretend für jene, die in der jungen Bundesrepublik zu heimatlosen Rechten gemacht worden waren. Als die Konfrontation zwischen Bewältigern und konservativen Realisten 1968 in der Studentenrevolte ihren Höhepunkt erreichte, stellte sich Schrenck der pluralistischen Kulturrevolution, die „allem, was noch steht, das Mark aus den Knochen blasen“ (Arnold Gehlen) wollte, entgegen. Die von der öffentlichen Meinung als Gut-Bewegte Anerkannten entlarvte er. Mit seinem Buch *Zukunftsmacher* legte er 1968 als Erster eine Analyse der Träger der Revolution vor, mit der er zum Entdecker der *Neuen Linken* wurde. Diese Neuen Linken waren in Schrencks Augen die Söhne und Töchter des neuen Liberalismus, die personifizierte Erbmasse der liberalen Idee, deren fatalen Geist er in der *Charakterwäsche* angedeutet hatte.

Wenn die Bewegung von 1968 für Schrenck etwas Gutes hatte, dann weil sie zu einer scharfen Klärung der politischen Fronten beitrug. Nach dem inneren Burgfrieden und den halkyonischen Tagen der 1950er Jahre unter Konrad Adenauer, war mit Ausgang der 1960er Jahre klar, wer für wen Freund und wer Feind war. Dem konservativen Lager nutzte diese Polarisierung – zwang sie schließlich dazu, den privatisierten Konservatismus aufzugeben und im Ringen um Deutungshoheit öffentlich Stellung zu beziehen. Für Schrenck und die Seinen galt es, den Repräsentanten einer Zweiten Aufklärung, die einen neuen Menschen in der Zukunftsgesellschaft schaffen wollten, entgegenzutreten. Das Lager derer, die noch mit den Beständen rechneten und an der Wirklichkeit festhalten wollten, formierte sich gegen die Erlöser von morgen.

Die Optionen für die Konservativen waren in der Nachkriegszeit beschränkt. An eine schlagkräftige parteipolitische Vertretung war nach der „Amputation des rechten Flügels des deutschen Parteiensystems nach 1945“ (Caspar Schrenck) nicht zu denken. Der Zugang zu den Massenmedien war den Rechten versperrt und kulturelle Institutionen sowie Universitäten von linken und liberalen Eliten, den Sympathisanten der Kulturrevolution, besetzt. Was übrig blieb, war ein eigener publizistischer Neuanfang. Unzählige Versuche, eigene Periodika und Meinungsorgane im konservativen Lager zu gründen, waren in den Jahren vor 1968 immer wieder gescheitert. An fast allen diesen Versuchen hatte sich Schrenck beteiligt. Die immer gleichen Köpfe waren entweder über ihre unverbesserliche Privatgelehrtenmentalität oder schlicht über organisatorisches Unvermögen gestolpert. Schrenck hatte das, im Gegensatz zu vielen Mitstreitern, früh erkannt. Dem gegenzusteuern, machte er sich zur Aufgabe. Er begann sich immer mehr in die politischen Überlegungen des Tages einzumischen und wandelte damit seine Rolle als Intellektueller. Der politische Schriftsteller, der mit der analytischen Polemik der *Charakterwäsche* einen neuen Typ des politischen Buches in der Bundesrepublik eingeführt hatte, wurde zum politisch-kulturellen Publizisten.

Begleitet, wie auch geformt auf diesem Weg, hat ihn entscheidend Armin Mohler. Nachdem sich die beiden über Schrencks Neugier an der Person Carl Schmitt und seiner Faszination für Mohlers *Konservative Revolution* 1952 kennengelernt hatten, entwickelte sich eine persönlich enge Freundschaft, die bis zum Tod Mohlers währen sollte. Der Wahlmünchner Mohler trieb Schrenck nach seiner Zeit als Privatsekretär bei Ernst Jünger unermüdlich zur Gründung eines konservativen Periodikums der Rechten an. Mit der Zenitüberschreitung der demonstrationsstudentischen Bewegung faßte die Konterrevolution Anfang der 1970er Jahre Fuß. Es gelangen Zeitschriftengründungen und Gerd-Klaus Kaltenbrunner rief mit der ersten Nummer seiner *Herderbücherei Initiative* nach dem Ölpreisschock 1973 die *Tendenzwende* für ein ganzes Land aus.

Drei Jahre zuvor hatte Schrenck seine Zeitschrift *Criticón* gegründet. Was Schrenck wollte, formulierte er deutlich: „Bei dem Schwimmen gegen den Strom fällt es immer schwerer, aus der Sturmflut des Gedruckten jene Publikationen herauszufinden, die für die grundlegende und laufende Orientierung über Zeitfragen wesentlich sind. Der einzelne ist weitgehend auf seinen Instinkt und den Zufall angewiesen, da sich bisher kein Verlag und keine Zeitschrift gefunden haben, die sich auf der konservativen Seite des geistigen Spektrums als Sammelstelle anböten. Die verstreuten Publikationen zu sammeln und übersichtlich anzuzeigen, sowie Kontakte zwischen den verschiedenen publizistischen Versuchen in Deutschland und anderen Ländern herzustellen, ist das Ziel der Zeitschrift," schrieb er im Vorfeld der Gründung an einen kleinen Kreis von Mitwissern. Armin Mohler gehörte zu den Criticón-Männern der ersten Stunden und Arnold Gehlen hatte mit seinem Werk *Moral und Hypermoral* die geistige Schirmherrschaft für das Projekt übernommen. Zwölf Seiten umfaßte die Nummer 1. Sie blieb über 30 Jahre, in denen Schrenck die Zeitschrift herausgab, seine Lieblingsnummer. Ursprünglich gedacht als schmales Rezensionsorgan für Buchbesprechungen, bremste Schrenck die Eigendynamik von *Criticón* nicht und das Zwei-Monatsheft entwickelte sich rasch zu einer anspruchsvollen politisch-kulturellen Zeitschrift weiter. Schrenck war zu jener Zeit stark beeinflusst von der Weltklugheitslehre des spanischen Jesuiten Baltasar Gracián aus dem 17. Jahrhundert. Nach dessen Hauptwerk *El Criticón* benannte er seine Zeitschrift. Krisis, Scheidung, Unterscheidung und Urteil bedeutet Criticón im Griechischen. Schrenck machte diese Schlagworte zur Agenda des neuen Leitorgans der Konservativen.

Mit *Criticón* entstand der Kristallisationspunkt einer heterogenen rechten Intelligenz. Der *Criticón*-Hahn, der von der Malerei der Wiener Schule des Phantastischen Realismus inspiriert war, wurde zum Feldzeichen und Signet für jene, die sich einer denkenden Rechten zugehörig fühlten und der Parole „Der Geist steht links" entgegentraten. Schrenck ließ in seiner Zeitschrift alle von ihnen zu: die klerikalen Konservativen, die Liberalen, die Nationalen und ihre Revolutionäre wie auch die Bürgerlichen. Criticón verstand Schrenck nie als weltanschaulichen Schulungsbrief oder politischen Tagesbefehl, sondern als Meinungs- und Streittribüne, auf der er im Hintergrund undogmatisch Regie führte.

Schrenck war am Vorbild des amerikanischen Fusionismus geschult. Er hatte schon früh die Entwicklungsstufen des amerikanischen Konservatismus studiert. Als sich nach dem Scheitern der konservativen Präsidentschaftskandidatur Barry Goldwaters 1964 die *Philadelphia Society* gründete, reiste Schrenck in die USA und wurde deren Gründungsmitglied – als einziger Deutscher. Er lernte dort, wie unterschiedliche weltanschauliche Strömungen unter einem organisatorischen Dach zusammenfinden konnten, weiter getrennt marschierten, aber vereint schlugen. Dieses Vorbild wollte er auf Deutschland übertragen und begann damit im *Criticón*.

Mit *Criticón* griff Schrenck erstmals und über Jahre nachhaltig aktiv in den Kampf um Deutungshoheit ein. Er folgte dabei der Maxime seines Vorbildes, des italienischen Kommunisten Antonio Gramsci. Wie Gramsci, der seine Idee der kulturellen Hegemonie in den *Gefängnisheften* niedergeschrieben hatte, war Schrenck überzeugt, daß die politisch-parlamentarische Macht auf die kulturelle folge – und nicht umgekehrt. Getragen vom Geist Gramscis und dem organisatorischen Beispiel der amerikanischen Konservativen war Schrenck der erste deutsche Konservative, der das eigene Milieu als ein Mosaik aus vielen kleinen Teilen verstand, das es galt, zu einem Gesamtbild zusammenzusetzen.

Criticón wurde zur Stimme der Generation des Nachkriegskonservatismus im vorpolitischen Raum und für die nächste Generation zu einer Alternativhochschule. Caspar Schrenck erkannte wie kaum ein anderer die Notwendigkeit, das Feld zu bespielen, auf dem die Bewegung von 1968 so erfolgreich aufmarschiert war, und baute mit metapolitischen Mitteln die Repräsentanz des konservativen Lagers im Vorfeld des Politischen kontinuierlich aus. 1985 gründete er mit dem *Baltasar-Gracián -Preis* einen konservativen Literaturpreis. Der österreichische Publizist Gerd-

Caspar Schrencks Arbeitszimmer
in der Ammerlander Villa

Klaus Kaltenbrunner wurde als erster für sein essayistisches Werk geehrt. In den 1980er Jahre rief Schrenck auch das *Institut für Konservative Bildung und Forschung* ins Leben: ein institutioneller Anker und die erste Denkfabrik des Konservatismus. Mit der Umwandlung des IKBF in die *Förderstiftung für Konservative Bildung und Forschung* im Jahr 2000 gelang ihm eine tragfähige Dachorganisation – ganz nach amerikanischem Vorbild. Sie vereint bis heute Seminare, Vorträge, Publikationen, Periodika und in Berlin die *Bibliothek des Konservatismus*, die in dieser Form einzigartig im deutschsprachigen Raum ist.

Caspar Freiherr von Schrenck-Notzing kann heute als der Doyen des deutschen Nachkriegskonservatismus gelten. Sein Verdienst liegt darin, das konservative Denken organisiert zu haben. Schrenck hat einer Denktradition eine Stimme gegeben, die ohne ihn leiser geblieben wäre. Er hat den Konservatismus weltanschaulich zu keinem Zeitpunkt neu erfunden, aber er hat einen wesentlichen Beitrag geleistet, ihn aus den verdrängten Trümmern zu rekonstruieren.

Schrencks eigener Konservatismus war Weltanschauung und Haltung zugleich. Er schaute die Wirklichkeit an und lebte danach. Politisch war Schrenck ein Etatist, der von der Notwendigkeit der Institution überzeugt war, ihr aber nicht sentimental nachtrauerte, wenn die „Achsenzeit" (Armin Mohler) gekommen war. Die natürliche Institution war für Schrenck der Staat. Gerade deshalb war er so empfindlich gegenüber der antiautoritären Umerziehung der amerikanischen Re-education und ihrer deutschen Fortsetzung in der Revolte von '68.

Der Kern von Schrencks Konservatismus läßt sich anhand der Demarkationslinie deutschen konservativen Denkens genau bestimmen. Die Mainlinie trennt die norddeutschen von den süddeutschen Konservativen. Während die einen pietistisch, ideologiefrei und beschwichtigend moralischen Imperativen folgen und dabei stets am Status Quo und den Institutionen festhalten, trägt der süddeutsche Konservative das phantastische Element in sich. Auf die individuelle Entwicklung ausgerichtet, vereint der Süddeutsche mehrdeutige Chiffren in sich. Schrenck verstand dies so: „Konservative Haltung im süddeutschen Verständnis ist der spirituelle Stehboden, der es ermöglicht, sich für die Wandlungsfähigkeit des Menschen einzusetzen, indem man sich selbst wandelt." Den süddeutschen Konservatismus glaubte Caspar Schrenck der norddeutschen Variante überlegen, weil er die gedankliche Möglichkeit biete, den Zerfall der Institutionen vorwegzunehmen – und daran nicht zu verzweifeln. Schrenck fand Umwege, um im Alter nicht an der politischen Situation zu verzweifeln. Wie Ernst Jünger war er ein später katholischer Konvertit und als süddeutscher Konservativer behalf er sich in *Schwere Wetter, Schwere Reiter* mit der Phantasie.

Alexander Eiber

Abbildungsverzeichnis